U0016754

中華的成立

「中華の成立　唐代まで」

岩波新書・中國的歷史 1

渡邊信一郎
Shinichirō Watanabe
詹慕如◎譯

目次

編輯前言

現在，讓我們重新閱讀中國史——「中國的歷史」書系目標

中國，一個很近卻又很遠的國度。

當年，我們這部書系的作者們甫成長的時代，中國是個無法前往的國家。中國大陸上發生了什麼事，也幾乎是一片模糊。雖說中日兩國一衣帶水，距離十分近，但卻什麼也看不見。

然後，半個世紀過去了。現在如何？前往中國幾乎自由了，許多人在中國進進出出。一衣帶水，真的很近，關係也很深。無論好壞，中國都是個十分重要的國家。

但是，現在的我們，真的看清楚中國與中國人了嗎？無論表面上如何關注，其內涵仍然是個謎。原本應該拉近距離的中國，其實仍然很遙遠。

不過，歷史提供了線索，讓我們有機會接近中國這個謎團。就像我們要認識一個人，也要先看他的履歷表一樣。眼前的中國也是，過去的履歷，隱藏著接近其核心的脈絡。

當然，關於中國的歷史，早有許多重量級的學者留下不少著作。不過，這些著作大多有一個共通的模式，那就是大多採用編年史的寫法，按照時代的興替進行撰寫。

然而，中國十分巨大。疆域比歐洲還廣闊，人口也非常多。歐洲十餘個國家，各自書寫自己的歷史，由於歐洲各國各自有多樣化的發展，因此歷史也必須按照各國自身的歷史進程書寫才行。

但中國呢？就算同屬一個國籍，其中所具備的多元性應該也不遜於歐洲。然而，以前的中國史書寫卻極少觀照這個方面，僅從「中國」這個清楚的框架進行時代更迭的論述，最終變成與過去的王朝交替史觀並無二致，且容易受到特定意識形態所影響的內容。因此，我們認為有必要書寫一部更適合現在全球化的現代社會閱讀、且更接近中國多樣面貌的中國史敘述。

本書系以「多元性」為編寫方針，共以五卷構成。第一卷以東亞的文明為起點，描述中國逐漸具備多元面貌的過程。第二卷以南方在逐漸開發之後，躍上經濟文化中心的歷史為主要內容。第三卷則以不停對中原造成影響，最終卻融入其中的草原世界為論述的重點。第四卷起，加重海洋的觀點，敘述中國南北海域與陸域的多元化不停增強的過程。第五卷以承接第四卷的多元性敘事為起點，重新檢視與現代中國連結的歷史過程。

各位讀者若能經由本書的內容，理解中國多樣的面貌，實為作者的榮幸。

書系作者群　上

本書系的構成

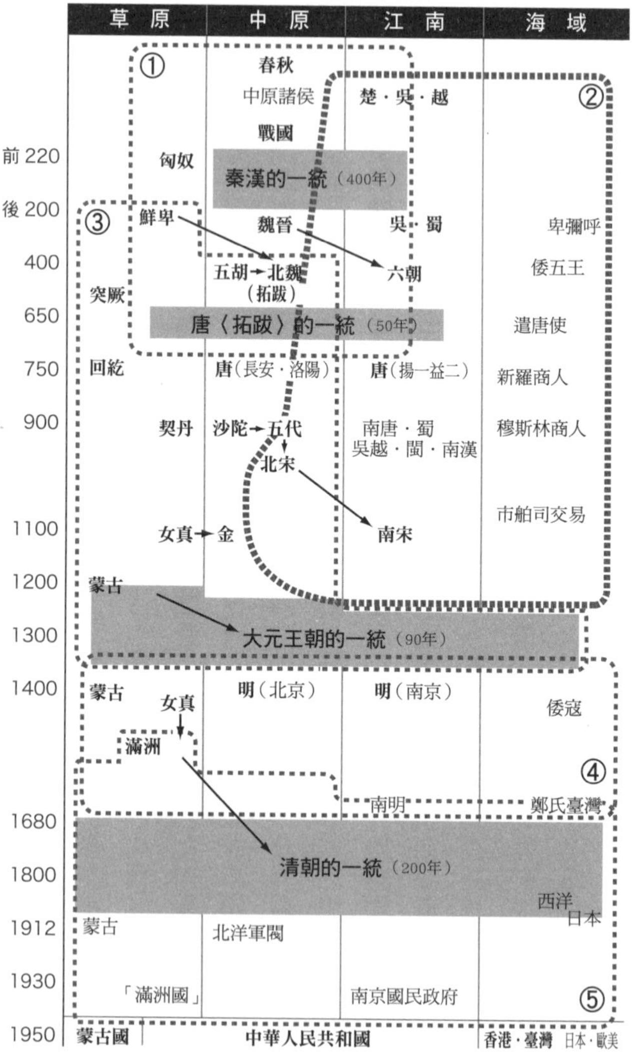
草原
中原
江南
海域
前220
後200
400
650
750
900
1100
1200
1300
1400
1680
1800
1912
1930
1950
①
②
③
④
⑤
春秋
中原諸侯
楚・吳・越
戰國
匈奴
秦漢的一統（400年）
鮮卑
魏晉
吳・蜀
卑彌呼
五胡→北魏
（拓跋）
六朝
倭五王
突厥
唐〈拓跋〉的一統（50年）
遣唐使
回紇
唐（長安・洛陽）
唐（揚一益二）
新羅商人
契丹
沙陀→五代
南唐・蜀
吳越・閩・南漢
穆斯林商人
北宋
市舶司交易
女真→金
南宋
蒙古
大元王朝的一統（90年）
蒙古
女真
明（北京）
明（南京）
倭寇
滿洲
南明
鄭氏臺灣
清朝的一統（200年）
西洋
日本
蒙古
北洋軍閥
「滿洲國」
南京國民政府
蒙古國
中華人民共和國
香港・臺灣
日本・歐美

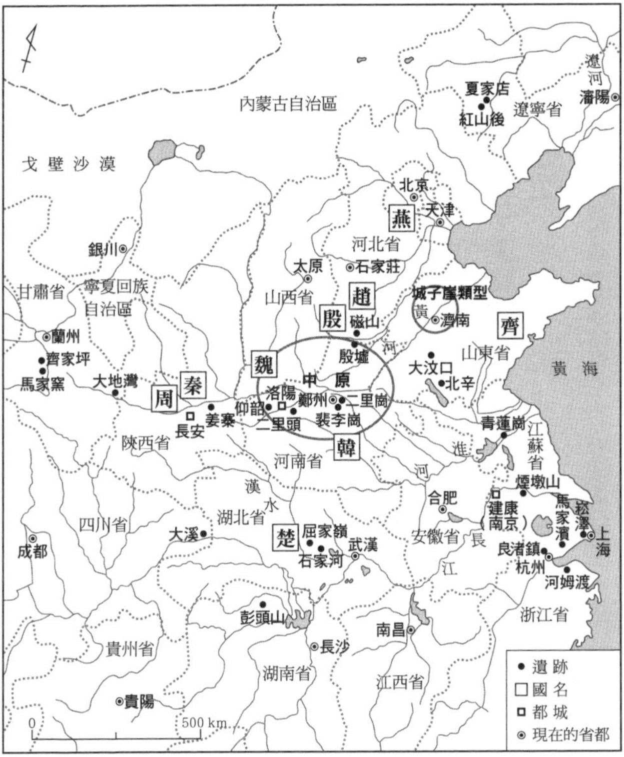
內蒙古自治區
戈壁沙漠
夏家店
紅山後
遼河
瀋陽
遼寧省
北京
天津
燕
河北省
銀川
太原
石家莊
甘肅省
寧夏回族自治區
山西省
趙
城子崖類型
殷
磁山
黃
濟南
齊
蘭州
齊家坪
馬家窯
大地灣
魏
殷墟
河
大汶口
山東省
北辛
黃海
周
秦
中原
洛陽
鄭州
二里崗
仰韶
姜寨
長安
二里頭
裴李崗
陝西省
韓
青蓮崗
江蘇省
河南省
淮
河
漢水
湖北省
合肥
建康（南京）
煙墩山
馬家濱
松澤
上海
四川省
大溪
楚
屈家嶺
武漢
石家河
安徽省
長江
良渚鎮
杭州
河姆渡
成都
彭頭山
南昌
浙江省
長沙
貴州省
湖南省
江西省
貴陽
0
500 km
遺跡
國名
都城
現在的省都

中國相關地圖

臺灣版序

「岩波新書・中國的歷史」系列全五卷，由臺灣聯經出版公司發行繁體中文版。其中拙作第一卷《中華的成立》能呈現在繁體中文讀者眼前，身為作者，我感到無上喜悅。首先要對聯經出版公司、岩波書店，以及負責翻譯的詹慕如女士表達誠摯的謝意。

有幸獲得本次機會，為臺灣版的讀者撰寫序文。為了讓中文讀者更加了解本系列，請容我再次為各位介紹第一卷執筆的主題與成書目的。

第一卷嘗試從現在的中國回望，解讀中國的歷史，論述主題置於「中國如何成為中國？」這個句子主語和述語都是「中國」，或許會有人不以為然，覺得不過是種同義反複（tautology）的修辭表現。然而在「中國」、「中域」這些漢字三千多年前剛出現的西周初期，當時的「中國」與今日中國，並不是單純的同義反複。

「中國如何成為中國？」這個問題等於在探討「何謂中國？」。「何謂中國？」也是個常見的問題。不過仔細想想，要正確回答這個問題並不容易。甚至可以說，這是個沒有正確答案，或者說沒有單一答案的複雜問題。

提出「中國如何成為中國？」、「何謂中國？」這個問題時，我們在以中華為標題的第一卷中，聚焦於與「中國」相即不離的「天下」。我們試圖藉由思考「天下」和「中國」的相互關係，以投射出更加具體的「中國」。「天下」是大禹治水後創造的九州＝「中國」所形成的國土，因此又稱為禹跡。「天下」是以天子居住的畿內為核心發展出的中心周邊結構，也表現出天子與生民＝百姓的政治秩序。這同時也是「中國」的獨特國家概念。

與「天下」具備相互關係的「中國」，除了內部的中心周邊結構，也推展至外部，與東西南北等周邊地區和外部諸國形成中心周邊結構。當「中國」內部的中心周邊結構改變，包含日本在內的周邊含義也隨之改變。反之，當外部諸國、周邊地區出現改變，「中國」、「天下」的意義一樣會跟著改變。中國的意義在與周邊地區、外部諸國的相互關係中不斷變化。

試舉一例。西元六四六年，唐太宗李世民親征高句麗。高句麗某位官人（對盧）表示：「吾聞中國大亂，英雄並起。秦王神武，所向無敵，遂平天下，南面為帝，北夷請服，西戎獻款。」（《舊唐書．東夷傳高句麗》）在這段話中，中國與天下一致，周邊有北夷、西戎、東夷高句麗，各為服從、敵對的關係。

在約一世紀左右後所著的《大唐六典》中則將被八百多個羈縻州包圍的「中國」三百餘州這個領域稱為「天下」，並且在其周邊配置與其有朝貢關係的周邊各族。由此可見，「中國」和「天下」與周邊諸族的相互關係持續在消長伸縮。

連接兩個「中國」之間「如何成為」這幾個字，便是在探問「中國」與其周邊地區、外部諸國的相互關係之變化、歷史。本系列第二卷、第三卷將與北方草原地區及南方海域世界的相互關係也納入視野，再次探討「中國」。

探討著「何謂中國？」、「中國如何成為中國？」這些問題寫就本書後，科林．倫弗瑞（Colin Renfrew）的論點（*Archaeology and Language: The Puzzle of Indo-European Origins*, 1987）（日文版《ことばの考古学》，橋本槙矩譯，青土社，一九九三年）更加清晰地出現在我腦海。倫弗瑞運用考古學和語言學，找出兼養家畜的麥作混合農業發源地，還有印歐語系的原鄉，位於在一萬年前的安納托利亞西部（今土耳其共和國），之後混合農業和印歐語系隨著交易和交流，再廣傳到世界各地。這些傳播對東方的影響、痕跡，擴及到現今中國境內的東突厥斯坦。

受到約翰・米爾斯（J. L. Myers）的著作《誰是希臘人？》（*Who were the Greeks?*, 1930）觸發，倫弗瑞安排了「誰是凱爾特人？」這一章，考察印歐祖語傳播到西歐的過程中，凱爾特人（Celt）、凱爾特語（Celtic）等凱爾特的「民族性」（ethnicity）之起源。

比起其龐大的敘事，我個人更關注的是方法論觀點，亦即作者如何推演引導出凱爾特是「因相關、集合的相互作用而累積」，形成其「民族性」。這個論點與米爾斯在《誰是希臘人？》裡提出的答案：「他們始終處於形成的途中」彼此呼應，並且更為細緻。

假如參照倫弗瑞的考察，「中國」也可說是自史前以來各種族（ethnicity）在相互作用、交流中不斷累積、形成，現在也依然在相互作用中累積，處於形成途中的狀態。

現在的中國有五十六個種族居住在此，除了非洲和南北美的語言之外，漢語自不待言，包含使用印度伊朗語系的塔吉克族在內，這裡幾乎網羅了全世界所有語系（橋本萬太郎編《民族の世界史5　漢民族と中国社会》山川出版社，一九八三年）。當然，如此龐大的語系和種族之現狀，正處於「因相關、集合的相互作用而累積」的過程中。「中國」並非亙古不變。

本書提出與「中國」為相互關係的「天下」觀念，借用倫弗瑞的說法，嘗試將歷史上「天下」–「中國」的政治整合體生成、變化過程，例如史前以來的貢獻制、西周以後的封建制、秦漢以後的郡縣制、王莽時期的古典國制，一直到隋唐時重回古典國制，視為一種「因相互作用而累積」的過程來進行討論。

「中國如何成為中國？」、「何謂中國？」，這樣的問題意識是否能在「因相互作用而累積」過程中具體開展，甚至，這種方法論觀點本身是否奏效，則有待繁體中文版讀者們的驗證。謹此為序。

二〇二一年八月二十五日

渡邊信一郎

導言

中國史的開始

「中國史」的敘述究竟是由誰、從何時開始的？

首以「中國史」為題展開歷史論述者應屬梁啟超（一八七三－一九二九年）。一九〇一年（光緒二十七年），他發表〈中國史敘論〉，從「史之界說」（歷史的定義）、「中國史之範圍」（領域）、「中國史之命名」、「地勢」（中國所轄之地域）、「人種」、「紀年」、「有史以前之時代」，以及「時代之區分」等八個論點來探討中國史的成立（《飲冰室文集》六）。

梁啟超在其中關於「中國史之命名」曾如此提到：

> 吾人所最慚愧者，莫如我國無國名之一事。尋常通稱，或曰諸夏，或曰漢人，或曰唐人，皆朝名也。外人所稱，或曰震旦，或曰支那，皆非我所自命之名也。……曰中國，曰中華，又未免自尊自大，貽譏旁觀。雖然，以一

姓之朝代而汙我國民，不可也；以外人之假定而誣我國民，猶之不可也。於三者俱失之中，萬無得已，仍用吾人口頭所習慣者，稱之曰中國史。雖稍驕泰，然民族之各自尊其國，今世界之通義耳。……

如同梁啟超所說，當時在外國諸如日本，稱中國歷史為支那史或東洋史，並不稱之為中國史。東洋史首次出現在日本教育體系中，始於甲午戰爭（譯注：日本稱日清戰爭）開戰的一八九四年，經高等師範學校教授那珂通世的提議，在日本中等學校教育中新設了這門學科。這是日本獨特的歷史區分，將世界分為本國史（日本史）、西洋史，以及東洋史這三大領域。直到現在一般依然通用這種分類。東洋史的領域涵蓋亞洲全區，但敘述多以中國為中心，實質上可說是支那史。因應中國的要求將支那史改名為中國史，是在第二次世界大戰中日本戰敗以後。

正如同梁啟超所謂慚愧，中國並沒有國名。相當於國名的漢、唐、明、清等，實際上是掌握權力的一姓一家之王朝名稱，使用這樣的名稱有違梁啟超認為應尊重國民的主張。他舉出超越王朝的通稱，諸如中華、中國，最後選擇了「中國」。

一九一一年辛亥革命後所制定的國名，有中華民國和中華人民共和國，中華成為國名的一部分。而「中國」二字至今仍非國名，僅算是通稱。不過，當我們企圖超越最長也不過持續三百年左右的王朝或權力中心，來敘述居住在這個地區的人民歷史，是否像梁啟超一樣，只有「中國史」這個選擇？

梁啟超認為，「中國史」的論述地域可分為中國本部、新疆、青海西藏、蒙古、滿洲等五大部，構成「中國史」的人種多達數十，主要有苗族、漢族、圖伯特族、蒙古族、匈奴族（土耳其系）、通古斯族這六大種族。這是十八世紀後半乾隆時期來到清朝最大統治領域時，其版圖內的各個種族。現在的中華人民共和國也大致繼承了這個框架。

他還提到「史也者，記述人間過去之事實者也」，但是不同於過去僅記載事實，記述掌權者之交替和興亡的傳統史家，近世史家「必論明其事實之關係與其原因結果」，除此之外也「必探察人間全體之運動進步，即國民全部之經歷及其相互之關係，以此論之」（「史之界說」）。站在今天的角度來看，

〈中國史敘論〉在以清朝版圖為前提這個制約之下，提倡一種為多民族所構成的中國國民所用之歷史學。

梁啟超發表〈中國史敘論〉的一九〇一年，也是列強鎮壓義和團運動後，清朝與包含日本在內十一個國家簽訂辛丑和約的這一年。和約簽訂後，清朝對外對內的主權受到嚴重的制約，原本君臨亞洲中樞的大國，在國際社會中的政治和經濟地位迅速遭到邊緣化。

中國、中華這些詞彙由其成立說起，運用時也跟周邊四方、夷狄、外國有著密不可分的相互關係。有時中國的概念成立於當下的國際關係中。清朝的版圖並非有史以來至明的中國。梁啟超之所以意識到「中國史」，不單純是為了敘述國民的歷史，自己身處的清末中國當時對內、對外之危機，也大大影響了他的論述。〈中國史敘論〉可說是面對危機的中國對自我認識、認同的摸索。

二十一世紀的中國

梁啟超發表〈中國史敘論〉後剛好百年的二〇〇一年十二月，中國加入了WTO（世界貿易組織），將一九七八年以來推動的改革開放政策、社會主義市場經濟政策放上更高的次元，使得中國得以正式依循國際規則推動經濟開發。十年後的二〇一〇年，中國國內生產毛額超過日本，成為世界第二經濟大國，現在的經濟規模超過日本的二．五倍，緊追在美國身後。

百年來，資本主義世界體制歷經兩次大戰，從以英國為中樞的十九世紀資本主義，轉換到以美國為制高點的二十世紀資本主義。二十世紀資本主義體制自一九八〇年代以後也開始出現搖擺，目前有人主張資本主義之終焉，也有人高唱現已進入二十一世紀資本主義世界體制大轉換期，另外還有人將中國放在新的制高點上。這段期間，走過百年複雜且艱辛道路的中國，在九〇年代以後新自由主義經濟以及全球主義進展下推動經濟開發，再次有機會坐望國際社會的中樞地位。在貿易上跟美國的摩擦逐漸白熱化。

中國四十年來的高度經濟成長，在中國內外引發了各種問題。貧富的社會落差和地區落差問題，新疆維吾爾自治區和西藏自治區的分離獨立等種族問題，擁有五十六個種族、十四億人口公民的國家整合，法律統治和民主主義問題，大量排放PM二．五等環境問題，貪汙等政治腐敗問題，成為經濟大國後的海洋擴張野心，以及東海、南海上的領土問題等，都是亟待處理的當務之急。

面對這些問題時，無論評價是好是壞，國內外都開始關注「中國」，「中國」的形象開始動搖，大家也開始好奇，究竟何謂「中國」。中國學界開始出現探究中國認同的明顯動向。

日本人的中國意識

將視線轉回日本，中國史現在是很不受日本學生青睞的科目。以中國史為核心的東洋史，主修學生人數在一九八〇年代反映了中日友好的風潮，一度凌駕西洋史。然而一九八九年天安門事件後，九〇年代後半左右開始，主修東洋史的學生漸漸減少，相較於主修日本史或西洋史的學生，人數顯得格外稀少。

將來的日本會是什麼樣貌，只要看看現在青年身處的狀況即可窺知一二。學生、青年對中國史的冷淡宛如一面可怕的鏡子，映照出當他們成為社會中堅的二十、三十年後，中國史研究之衰頹式微。第一個問題是，中國史學者、教師並未提供一個在當代世界中能喚起青年興趣、共同討論的中國史形象。

現在的中國史研究多半運用古典漢語所記載的石刻史料，或簡牘史料等新發現的出土文字資料，必須仰賴優異解讀技術來進行縝密的研究。確實有許多研究得以發掘文獻中看不見的新事實，顛覆過去的認知。這是象徵研究進展的過程之一，樂見其成。然而縝密的研究往往會趨向個別分散化，回歸到梁啟超所排除的王朝斷代史趨勢。無法否認，這跟何謂「中國」這種從大局著眼的討論可說是大相逕庭。

中國史不受青睞的責任，不光在學者和教師身上。之所以冷眼看待，也跟日本人漸漸對中國失去信心有關。根據二〇一八年「第十四次日中共同輿論調查」（言論NPO，中國國際出版集團）的結果，日本人對中國的印象回答「不好」的比率有八六・三％（前一年為八八・三％），超過八成。一九八〇年代，對中國感到親近的人超過七成，可見得在這段期間內日本人對中國大幅改觀。這些變化的背景，是訴諸情緒、煽動對中國批判的厭中言論、厭中書籍橫行市面。

不過在這份調查中也顯示，認為中日關係「重要」的國民，在日中兩國皆有大約七成（日本七一．四%，中國七四．〇%）。至於覺得「重要」的原因，半數日本人皆選擇了「因為亞洲和平和發展需要日中兩國共同合作」。日本人一方面認知到中日關係的重要，同時對中國又抱持著不好的印象。對於有著不佳印象的中國、中國史，包括青年在內的日本人當然不會有想認識的欲望。可是覺得中國重要的認知，依然帶來了些許希望。

要解決日本人對中國、中國史的知識匱乏狀況並非易事。要確實掌握不斷搖擺的「中國」、「中國史」形象，對筆者而言也是極為困難的課題。我們所能做的，就是與容易陷入情緒化討論的厭中言論劃清界線，重新提供足以綜覽全局、進行討論與認知的素材。我們企圖將始於梁啟超的「中國史」視為全新的敘述素材，以提供一種對「中國」、「中國史」獲得共識的方法。

＊

本卷的敘述範圍從先史時代到八世紀半的唐代中期，約略三千年。從四千年前華北農耕社會的形成開始，講述到以長安、洛陽為核心地區的隋唐帝國之興起與衰亡之兆。論述主題在於試圖從歷史上探討中國如何成為中國，還有傳統中國的原型及其特性。

本卷行文將依循兩項方針進行梳理。

第一項方針是從時間和空間的變化中，掌握中國的樣貌。不僅中國史，假若進行形式上的分類，人類社會的歷史可以分為幾種變化層次。首先，有類似政治史般以十年、五十年為單位改變的層次。以中國史來說，例如項羽和劉邦激戰的楚漢相爭，曹操、關羽、諸葛亮等英雄活躍的《三國志》。形形色色的人物輪番登場，是很適合小說或電影刻畫的層次。

另外，還有必須以五百年、千年為單位觀察其變化的衣食住行等生產層次，換言之也就是社會生活圈的層次。中國人像現在今天這樣坐在椅子上生活，將麵粉揉成麵團製作成多種食材，最快也是八、九世紀之後的事。在這之前的生活，比方說西元前的戰國時代，是端坐於鋪在地面的蓆上，以小米或黍米為主食。這是無法以千年為單位來觀察的長期變化。椅子和麵食之所以普及，是因為整體生活圈出現了巨大的變化。

在政治過程和生活圈中間，還有以百年為單位改變的政治和社會組織、制度這個層次。中國自戰國時代以來官僚制發達，支撐著王權和皇帝政治。因為如此，留下相對較多關於制度、組織的史料。所以中國史的敘述很容易偏向制度史的敘述。如果不探討推動制度的人，或者制度背後世界觀的變化，那麼這樣的歷史敘述也會淪為靜態平板且枯燥乏味。

歷史即是透過這三種層次的相互作用而產生變化。本卷將以其中的基礎，也就是社會生活圈和政治、社會組織為論述核心。因此不得不冷待那些在政治生涯中曾風光活躍一時的英雄們。不過要觀察三千年歷史及其變化，這確實是有效的方法。英雄們大展身手的政治史層次，是在此基礎上開展的變化之總結算場域。我們希望能平靜客觀地記述。

第二項方針，我們將重新探討教科書或概論書等會出現的常見用語，盡量運用史料中出現的詞彙來重新定義。同時也希望能關注過去被忽視或者輕視的詞彙以及事件，來描述王朝斷代史所無法書寫的五百年單位、千年單位歷史。

本卷範圍中不會使用例如概論書的老面孔春秋戰國時代的「都市國家」，

魏晉南北朝的「豪族」、「貴族」等說法。都市國家是近代中國史研究草創期時，仿效西洋古典古代的雅典和羅馬歷史而使用的詞彙。中國確實存在有城郭的聚落。但是兩者的生活圈和社會結構完全不同。近年來中國考古學的成果，促使我們重新思考中國古代的都市國家論。

史料中也曾出現貴族、豪族等描述。過去有個學生曾經找我討論，想以南朝豪族論為畢業論文的主題。於是我要他先去蒐集曾經出現「豪族」這個詞彙的史料。不久後，那名學生放棄以豪族為畢業論文題目，因為他發現根本沒有史料可用。貴族也一樣。

世界史教科書中有許多詞彙都需要重新定義。這類例子不勝枚舉，我在這裡僅舉一例。關於唐代統治農民的機制，每一本教科書都提到是「均田制、租庸調制、府兵制」。均田制首次出現在班固所著的《漢書》中。但是經唐人之手的史料裡，反而找不到代表給田制度的「均田」二字。而唐代兵制不只有府兵制，只要看過唐人編纂的《大唐六典》即可一目瞭然。均田制、租庸調制、府兵制等記述，是北宋司馬光和歐陽修所使用的記述方式。北宋有鑑於唐末五代的藩鎮跋扈，再加上苦於與遼和西夏的戰事，部分中國的領域漸漸由「夷狄」入侵建國。上述兩位固然是編纂了精彩史書的史家，但畢竟是生於該時代的人，看待唐代制度時，難免有些偏見。我們必須從唐人留下的記載中，找出更正確的制度樣貌。

在敘述中不斷重新定義、夾雜嶄新發現，便自然可以發現本卷記述與過往中國史概論或教科書的不同之處。簡單地說，本卷的目標是改寫古代中國的通史。至於成敗與否，就留待讀者論斷。

第一章

「中原」的形成——夏殷周三代

中國是如何成為中國的？中國形成隋唐時代中國、中華世界原型的同時，打造出什麼樣的社會和政治體制？這些即為本書的主題。

中國有四千多年的歷史。但梁啟超所面對的清末中國版圖，以及現在承繼清朝版圖的中華人民共和國的領土，並非從四千年前起就以「中國」之名存在。三千多年前的西周初期，「中國」這個詞彙指的是首都及其周邊地區。中國是在核心區域與周邊各區，以及周邊各族的相互關係中，歷經幾個階段逐漸發展至今。最初的階段先形成了之後被稱為「中原」的核心區域。讓我們回到一萬年前的新石器時代開始說起。

一、農耕社會的形成——新石器時代

新石器時代的文化編年

中國的新石器時代根據出土土器型態和組合，區分為如下編年。後來成為「中原」的黃河中游，如同〔表1〕「新石器．殷周時代的文化編年」所示，新石器時代大致可分為前期和後期。前期是始於西元前五〇〇〇年到前四〇〇〇年紀中期的仰韶文化，後期是西元前三〇〇〇年後半到前二〇〇〇年紀前半的龍山文化。

仰韶文化的基準器是以氧化鐵描繪紅黑兩色簡單幾何圖案或者動物的彩陶土器。除了河南省的仰韶遺跡之外，在陝西省半坡遺跡和姜寨遺跡等地也出土了彩陶土器。龍山文化的基準器為黑陶土器。黑陶使用轆轤成型，燒成具有光澤的黑色薄土器，因最早發掘的遺跡所在地山東省龍山鎮城子崖遺跡，而命名為龍山文化。龍山文化範圍不只黃河中游，還擴及黃河下游、長江中下游。

美國文化人類學者張光直指出，西元前四〇〇〇年紀中期左右起到龍山文化時期，共成立了五個文化圈，彼此往來、交流，為之後形成中國的相互作用圈。這些包括了：一、山東龍山文化；二、黃河中游的中原龍山文化；三、黃河上游的齊家文化；四、長江下游的良渚文化；以及五、長江中游的青龍泉三期文化（石家河文化）等五個文化圈。但此時仍然只有五個文化圈的相互交流，尚未形成核心區域。

表 1　新石器・殷周時代的文化編年

西元前	華北黃河流域 上游	華北黃河流域 中游	華北黃河流域 下游	華中長江流域 中游	華中長江流域 下游	華中長江流域 上游	遼河 燕山以北
6000–5000	老官台	裴李崗、磁山	後李、北辛	彭頭山			興隆窪
5000–4000		仰韶（半坡、姜寨）	北辛	彭頭山	馬家濱		趙寶溝
4000–3000	馬家窯	仰韶	大汶口	大溪	崧澤		紅山
3000–2000	齊家	廟底溝二期、中原龍山（陶寺）	山東龍山（城子崖）	屈家嶺、石家河	良渚	寶墩	小河沿
2000–1500	齊家	二里頭	岳石		馬橋	寶墩	夏家店下層
1500–1000	辛店	二里崗（殷前期） 殷　墟（殷後期）			馬橋、湖熟	三星堆	夏家店下層、魏營子
1000–	辛店、寺窪	西　周			湖熟	十二橋	魏營子

進入西元前一八〇〇年代後期，從黃河中游的河南龍山文化中又產生了擁有獨特陶器組合和青銅器的二里頭文化。二里頭時期到殷周時代，中國進入了青銅器時代。

促成「中原」形成的人們

形成新石器時代各種文化的人們有著什麼樣的長相呢？現在占中國人絕對多數的漢族，從什麼時候開始居住在中國的呢？

由於近年來人體基因體分析有了長足進展，透過對人體鹼基（DNA）的分析，得以細緻地描繪出現代智人的移動軌跡。除了以往以化石、石器、土器等為對象的考古學研究之外，我們能夠更加多角綜觀人類的進化和遷徙。

據說六萬年前「源出非洲」的現代智人在四萬年前到達東亞。細胞內的器官粒線體具備的DNA，會由女性繼承。分析現代中國人的粒線體DNA，可以發現越南部多樣性越大，越北部則越小。因此主流的見解認為人前往中國大陸的移動路徑應是由東南亞往北方前進。

另一方面，分析由男性繼承的細胞核內Y染色體後，也發現了東歐的基

圖1　殷人的長相
（殷墟婦好墓出土石人）

因群，可見也有來自西方的路徑。這是很令人意外的結果。這代表中國除了由南往北的主流路徑，還有來自西方的人類集團與其匯流。

解讀出人體基因體後不久，山東省臨淄遺跡出土的約二千五百年前春秋時代古人骨，以及相當於約二千年前漢代的古人骨，還有居住在當地的現代漢族ＤＮＡ分析結果問世。結果顯示，現代漢族屬於東亞人類集團。而相對之下，二千五百年前臨淄的人類集團位於現代歐洲人類集團和現代土耳其人集團的中間，稍微偏向歐洲人類集團。另外二千年前的臨淄人類集團位於現代東亞人類集團外側，包含於維吾爾人、吉爾吉斯人等現代中亞人類集團中。人類學者植田信太郎認為，二千五百年前有一個遍及歐亞大陸全區的人類集團——泛歐亞人。

這項研究包含著極有趣的結果。臨淄是西元前十一世紀半，西周初期來自藏系羌族的太公望呂尚所統治的齊國國都〔圖1〕。不僅春秋時代，其實漢代臨淄所居住的人類群體已經與現代漢族不同，他們使用漢字，也以古典漢語來書寫文章。根據記載，生於鄰近齊國之魯國的儒家之祖孔子，似乎在二千五百年前暫居齊國，聆聽韶這種古典音樂，因為太過感動而長達三個月忘記肉的味道。筆者大膽臆測，據傳風貌特異的孔子，可能有著褐色眼睛，甚至是藍色眼睛。

不過要以樣本數極少的單一地區案例來推斷整體，也讓筆者有所躊躇。根據始皇帝陵附近出土的兵馬俑，這些高達七千具秦朝士兵的容貌來看，跟我們的容貌並沒有兩樣〔圖2〕，很明顯屬於東亞人類集團。不過根據剛剛的概括，現代中國人的DNA中也流入了東歐系統，以大概的傾向來說，可能是以紀元前後的秦漢為轉換點，從泛歐亞人轉變為漢族。以現狀而言，也還未能斷言形成中國、中原的是哪些人種。期待這方面還有更多相關研究的推展。

圖2　秦代男子的長相
（始皇帝陵園馬廄舍坑出土）

華北與華中——旱作與稻作

請各位翻開本書開頭的中國地圖。中國大陸北部有三條大河由西往東緩緩流過。流過北方的是全長四千八百四十五公里的黃河，發源自青海省雅合拉達合澤山。流經南方的是全長五千八百公里的長江（揚子江），源自西藏高原東北部的巴顏喀喇山脈南麓。黃河中下游稱為華北，長江中下游稱為華中。流過這兩大河中間的是淮河（淮水）。以源自河南省南部桐柏山的這條淮河為界，可區分年降雨量一千毫米以下的華北和一千毫米以上的華中。年降雨量一千毫米為栽培水稻的下限。一般來說，降雨量一千毫米以下的華北是以粟米、黍米、小麥為主穀的旱作地帶，華中為稻作地帶。

現代智人的歷史在五萬年前開始出現巨大的變化。除了石器之外，道具類變得多樣化，魚叉、槍、弓箭等，這些為了從遠方獲取獵物的投擲用具出現，表示進入了高度狩獵採集經濟。四萬年前到達中國各地的人們，跟現代各地民族誌所記載的狩獵民族一樣，很可能構成以五、六戶由一對夫婦和未婚孩子組成小家庭的遊群（band society），在特定地盤內經營狩獵採集經濟。

他們在一萬年前左右，開始了栽培農耕。

考古學者甲元真之認為，中國最古老的稻作栽培為長江中游的彭頭山遺跡。其根據為遺跡出土的土器胎土中包含的稻籾、稻藁。這些東西的碳十四測定值顯示其屬於西元前八〇〇〇年前半到七〇〇〇年。稻作栽培由於之後大熱時期（hypsithermal interval）的暖化、濕潤化等生態條件的變化而逐漸北上，跨過長江、淮河流域，在西元前五〇〇〇年紀的仰韶文化期已經來到黃河流域。

華北旱作農耕的確實例子，來自西元前六〇〇〇年紀河南省新鄭縣裴李崗遺跡和河北省西南部磁山遺跡的房屋基址儲藏洞所找到的粟米和黍米。甲元進一步分析河北省南莊頭遺跡的石器組合和花粉，結果發現和彭頭山遺跡的稻作栽培幾乎相同時期，華北可能也已經開始栽培粟米和黍米。之後開始種植黃豆和小麥，西元前三〇〇〇年紀後半到前二〇〇〇年紀前半的龍山文化時期，已經齊備了粟米、黍米、高粱、小麥、稻米等五穀，家畜也有狗、豬、牛、雞、羊，形成中國式的農耕文化。

從仰韶文化期到龍山文化時期，華北旱作農耕的農具在各地有不同的組合，大致上以石製、木製耕具，還有石製、貝製的收割用具為主。使用石刀收割是在割穗階段，應也進行了作畦和中耕、除草。

粟米、黍米等旱作物基本上會大量消耗土壤營養成分、消耗地力型的作物（以下稱為H作物），在未經施肥的階段很難連作。進行連作時，必須夾雜豆類等維持地力的作物（以下稱之為B作物），進行「H—B—H—B」的連作，以恢復地力。這種「H—B」連作的農耕方式，在中國要到漢代以後才出現。

在作物生長良好的環境中，雜草也會同樣茂密。因此在耕作、種植，到收割這段期間，需要確立起去除雜草的中耕除草，以及肥培管理的體系化技術。然而目前尚未有這些農具確實存在的相關報告。這個時期的農業由於地力的消耗和驅除雜草的困難，應處於種植幾年後放棄耕地、轉換到下一塊耕地的切換耕地階段。以稻作農法來說，相當於燒墾的階段。這時期的農耕與日後的精耕細作相比，仍是相差甚遠的粗放農業。

中國考古學者錢耀鵬曾經發表以碳穩定同位素測定法檢測出的仰韶文化期與龍山文化時期之食物結構比。結果發現，仰韶文化期遺跡出土的食物結構中，C4植物（粟米、黍米類）占比將近五成，仰韶文化期時，農業生產為經濟生活的重要基礎。以同樣方法測量屬於龍山文化時期的山西省陶寺遺跡的食物結構，結果發現C4植物（粟米、黍米類）占了七成。進入龍山文化時期後，農業生產更成為經濟生活的決定性因素。

始於一萬年前的華北旱作農耕，與狩獵採集經濟並存，並逐漸擴大，到了西元前五〇〇〇年紀仰韶文化期成為維生基礎。來到西元前三〇〇〇年左右的龍山文化時期，儘管仍為粗放階段，卻也已經形成了穩固的農耕社會。

農耕社會的特質與狩獵採集經濟不同，在於可以大量累積食糧。在更早期與旱作相關的磁山遺跡聚落遺址中，也挖掘出約八十個儲藏洞，並且檢測出以粟米為主的糧食和種子。假如這些確實都是粟米，那麼總量可達五萬公斤。

這些都是過去人類勞動的累積。累積的集中與消費，不僅在面對自然災害時可以作為保險，發揮維持社會安定的重要功能；同時也是促進定居、形成聚落的重要因素。然而另一方面，也會同時出現將這些累積據為己有，依憑過去人類的勞動、自己並不勞動的社會階級。這也是造成聚落內的社會階層分化以及聚落之間階層分化的動因。

農耕聚落的型態

這樣的社會是基於什麼樣的型態而組成？讓我們先舉聚落型態為例來思考。

隨著一九七〇年代後半期以後的經濟發達，中國各地的考古學挖掘也日見進展，接連出現新發現。有些成果著實令人吃驚。新石器時代的挖掘也不同於過去僅偏重於墓葬的研究狀況，一九八〇年代以後，聚落遺跡的挖掘與研究開始興盛。此時發現、挖掘了許多龍山文化時期的聚落遺跡，不僅在河南省、山東省等中心地區，包括長城以北的遼寧省西部和湖北省等，也都發現了具備階級結構的新石器時代聚落遺跡群。這些發現讓過去主張中國文明起源於黃河流域（中原）的論點產生劇烈反省，引發對文明多元起源及其特質的蓬勃討論。

殷周時代的甲骨文字和青銅器銘文中，將聚落刻為「邑」（、）字。邑字表示在一包圍的區域下方，有人側向跪坐。邑意味著由濠溝、壁壘

等某種區隔所分劃出的人居地。邑經常會被解讀為有城郭的聚落，但邑並不一定皆有城郭，甚至不具備城郭的更多。例如殷墟的大邑商這等首都，也都沒有城郭。

後來的孔子曾說：「十室之邑，必有忠信如丘者焉。」（《論語．公治長篇》）從新石器時代到春秋時代，區畫的領域從十戶左右居住的小聚落，發展到由一邊數百公尺規模的城牆或壕溝包圍的大聚落，出現了各種不同的規模。邑或許應該定義為包圍聚落。

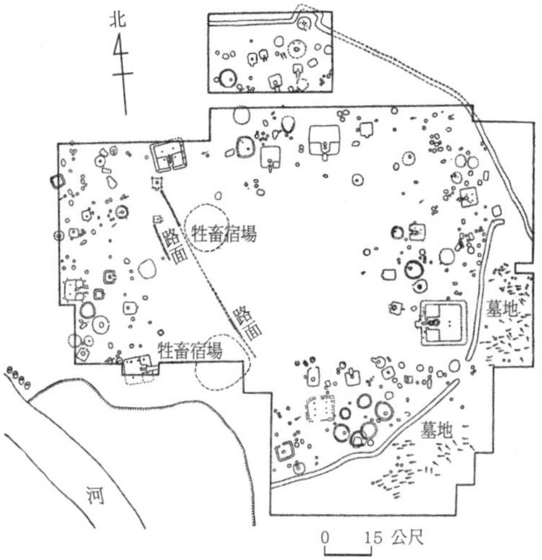

圖 3　姜寨遺跡圖

仰韶文化期的聚落基本上是單獨聚落。其中最知名的就屬位於陝西省臨潼縣，姜寨的聚落遺跡。姜寨遺跡是周圍有壕溝包圍的單獨聚落，約有兩百人左右生活在其中（圖3）。內部構造容後再述。

仰韶文化期間，這種大大小小的單獨聚落形成了聚落群，出現兩層或者三層的階級結構。到了末期，甚至出現諸如鄭州西山遺跡般，在大大小小聚落遺跡群中的內部設置祭壇，四周圍以土牆或城牆的中心聚落。

進入龍山文化時期後，已經全面性形成仰韶文化期散見的三層階級結構聚落群，出現組成聚落群的型式。典型的例子可參見山東龍山文化時期的城子崖遺跡群之聚落型態（圖4）。

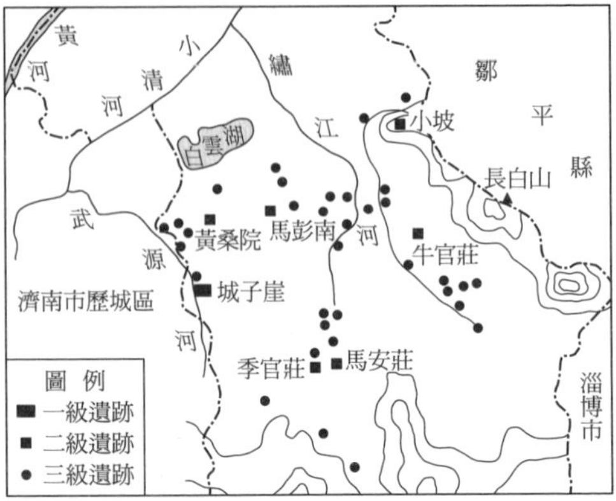

圖4　城子崖

城子崖聚落群便是由三階層聚落群所組成的。其中心聚落為東西四百四十五公尺、南北五百四十公尺，面積二十多萬平方公尺的城子崖龍山城（推估人口約一萬人左右)。中心聚落周邊有七處黃桑院聚落遺跡等,面積約三至六萬平方公尺左右的中級聚落(人口共計約一萬數千人),在這些中級聚落周邊又分布著三十多個小聚落(面積數千至二萬平方公尺,人口共計約一萬數千人)。附近的教場鋪聚落群(全區約二十五公里×四十五公里)也發現了這類三層階級結構的聚落群,包含城子崖、教場鋪在內,山東省北部偏東地區整體共發現了六個階級制聚落群。

另外在河南省鄭州、洛陽地區也發現,從散見階級制聚落群的仰韶文化進入龍山文化時期後,各地都有更多與城子崖相同的階級制聚落群。而在階級制聚落群之間,也出現了核心—周邊結構,由核心聚落群和周邊區聚落群形成的聚落群之多層化漸漸成為一般現象。這個時期有幾處核心區上級聚落,建起了如登封王城崗般的城郭。

以上我們簡略地回顧了山東省、河南省中原地區聚落型態的變遷。雖然根據地區、時期而有不同的樣貌,不過在仰韶文化期以後開始出現具備階級結構的聚落群,社會也漸趨複雜、規模變大。龍山文化時期以後,開始出現周圍有城牆、土壘等的包圍聚落,以此核心聚落為中心,形成三層或四層的聚落群。這些聚落群成為聚落組成的型式，也是龍山文化時期的基層社會單位。於此同時，這些單位基層社會也透過包含戰爭、交易的交流過程中，更明顯地區分出核心聚落群與周邊區域各聚落群的差異。龍山文化時期聚落群間的多層化不斷進展，社會也漸趨複雜，有更大規模的階級化。社會的複雜化和大規模階級化，為鄭州、洛陽地區成為中原的基礎。

農耕聚落的社會構造

那麼聚落內部的社會又是什麼狀況呢？

我們先以仰韶文化期典型的聚落，陝西省臨潼縣的姜寨遺跡為例。姜寨遺跡是擁有單獨壕溝聚落遺址和壕溝外部共同墓地的大規模遺跡〔圖3〕。觀察同一個時期同時存在的房屋，可以發現壕溝內部的房屋基址是以廣場為中心呈環狀分布。房屋基址以對向配置的兩棟大型房屋（七十至一百二十平方公尺）為據，分為兩群，各群有五個小集團。各小集團係由一棟中型房屋（二十五至四十平方公尺）和四棟左右的小型房屋（十五平方公尺前後）所構成。

所有房屋基址入口皆朝向中心廣場，房屋內有爐灶。小型房屋裡有烹調用石器和炊煮用土器，為小家族進行消費生活的地方。中型房屋裡除了爐灶之外還有解體動物的道具和狩獵道具，除了是消費單位，同時也是生產單位。中型房屋和四棟左右小型房屋形成一個小集團，這個集團組成了共同消費和生產的複合家戶。這種由中型房屋和多個小型房屋所組合成的複合家戶，除了姜寨之外也可以在其他遺跡上發現，為此時期構成聚落的基本單位。這種複合家戶承繼了由五、六戶小家族所組成的狩獵採集經濟之遊群系譜。

在姜寨遺跡中，兩個大型房屋基址為社會整合的中樞。十組複合家戶區分為兩群各五組，可能是由兩個不同的親族組織所構成。聚落內部的家戶之間還看不出有太大的階級落差。由四個左右的小家族形成的複合家戶人數假如為二十人，那麼姜寨遺跡的壕溝聚落大約住了兩百人左右。姜寨等仰韶文化期的農耕社會，規模比遊群更加擴大。

進入龍山文化時期後，又出現了不同的轉變。由於聚落之間開始出現階級結構，社會內部也出現了階級。在三階層制聚落群的典型城子崖聚落群中，推估人口約有三萬多人，龍山文化時期的社會單位規模跟仰韶文化期相比又更為龐大。這時的社會已經是具備金字塔型階級結構的確切階級社會。

位於山西省西南部的龍山文化時期陶寺遺跡，其前期城郭東西五百六十公尺、南北一千公尺，後期則利用前期的北牆，範圍為東西一千八百公尺、南北一千五百公尺，是個巨大的城郭聚落。分析多達一千三百多例的墓葬品之規模和副葬品的質、量、組合結果發現，墓葬群中埋葬於棺中、副葬品數量在一百到兩百之間的大型墓約占一．三%，埋葬於棺中、副葬品數量在十左右的中型墓約占十一%，無棺也無副葬品的小型墓約占八十七%。陶寺遺跡的社會是個被巨大城郭包圍、有著金字塔型階級結構的社會。城子崖聚落群的中心城郭遺跡應也是相同的階級社會。

考量這種金字塔型階級化和人口規模以及聚落群的階級化，龍山文化時期應該已經是由酋邦（Chiefdom）所整合的社會，核心聚落群和周邊各聚落群的聚落群之間更加多層化，且留下超大型聚落遺跡的二里頭時期以後，已經進入高度發達的酋邦階段。後文將會再提及，直到春秋時期之前，社會整合原理為血緣系譜關係，屬於酋邦階段。

二、夏殷周三代

夏——二里頭文化

西漢司馬遷（西元前一四五—前八六年）所編纂的《史記》中，稱中國最早的王朝為夏后（夏），留下了由帝禹到帝履癸（桀）共十七位血統相連的帝王統譜。不過由於該時代並未留下文字資料，記載於帝王統譜中的夏朝王權是否真實存在難以定論。

《史記》中記載夏朝的開國君主為帝禹，起因可追溯至儒家傳說中聖人堯舜時代前未見的大洪水。根據《史記》、《尚書・禹貢篇》的記載，帝禹在大洪水之後，整治了頹疲大地和水流，將天下劃分為九州，訂定各地區應負擔的租稅和貢物。這是之後戰國時代所出現的故事，來自將禹視為開闢九州＝中國之神的神話傳說。春秋時代將禹所整治的大地稱為禹蹟，戰國時代開始將禹蹟稱之為天下、中國。

一九五九年，河南省二里頭發現了具有獨特陶器器物群組合的遺跡。與二里頭遺跡有同樣陶器器物群組合的遺跡，已經發現了將近百處，多半分布於河南省中西部鄭州附近和伊水、洛水、潁水、汝水流域一帶，以及山西省西南部汾水下游一帶。根據地層的層序關係和碳十四測定值，這些遺跡位於河南龍山文化層和二里崗初期之殷文化層的中間，時代分布在西元前一八〇〇年代後期到前一五〇〇年代後期。

這個時代根據最典型的二里頭遺跡，命名為二里頭文化期，區分為四期。這些遺跡又可根據其地區特性，區分為河南省西部二里頭類型與山西省西南部東下馮類型這兩種類型。屬於二里頭晚期的遺跡，發現了小刀、錐等道具類，以及鉞、戈等武器，還有爵、鈴等禮器等多種青銅器。這個地區，已經進入中國相互作用圈中最早的金石並用期。

此外，在二里頭遺跡還發現了兩座宮殿遺跡。被稱為一號宮殿的遺跡東西約一百八十公尺、南北約一百公尺，有總面積一萬平方公尺的台基。台基中心部偏北處又有東西約三十六公尺、南北約二十五公尺的宮殿台基，其上方出土了東西約三十．四公尺，南北約十一．四公尺的宮殿遺跡。這座宮殿前庭約可容納一千多人。

另外在一號宮殿遺跡西南方約一百五十公尺處，又發現了比一號宮殿小，具有東西約五十八公尺、南北七十二・八公尺台基的二號宮殿遺跡（圖5）。二號宮殿四周有牆壁包圍，坐向偏北，面南的殿堂的南方有約五十公尺見方的殿庭，能容納一百人左右，可在此舉行祭典、儀禮。二里頭的房屋基址除了大型宮殿遺跡以外，可區分為中型房屋和小型房屋。中型房屋約為四十至五十平方公尺，大部分均為地上建築。小型房屋一般為六至十平方公尺左右，多為半地下式房屋。墓葬除了埋葬於二號

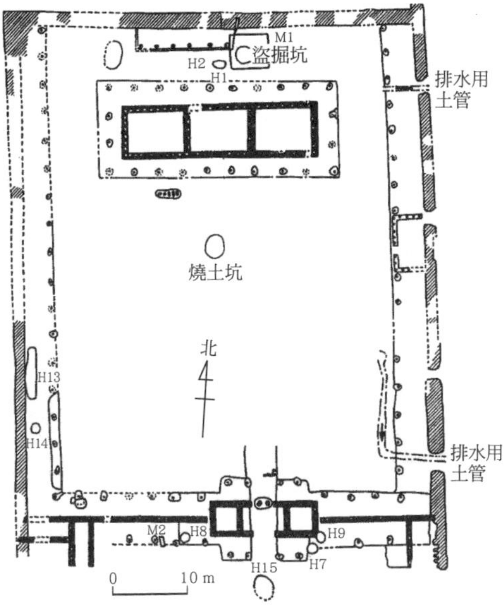

圖5　二里頭二號宮殿遺跡

宮殿之殿堂與北牆之間的首長級大型墓之外，可分為中型墓和小型墓三個等級。除了大型宮殿的存在之外，很明顯地承繼了代表山西龍山文化的陶寺遺跡之三層階級結構，金字塔型社會結構的存在又更加鮮明。

賦予二里頭時期特徵的一號、二號宮殿，皆屬於二里頭三期，為目前發現最古老的宮殿建築群。這表示在此曾經有初期的宮廷存在，出現過中國最早的政治中心。這意味著以鄭州、洛陽為中心的地區，成為了中國相互作用圈的核心地區。這個地區後來被稱為「中原」，由此看來，可以說「中原」的原型在此成立。

形成二里頭文化的人，自稱為夏，或者夏人。屬於二里頭類型的河南省西部，在後世文獻中被稱之為「有夏之居」（《逸周書．度邑解》），而屬於東下馮類型的山西省東南部則被稱為「夏墟」（《春秋左氏傳．定公四年》），即使到了西漢武帝時期，河南省中、西南部的潁川、南陽一帶依然被稱為「夏人之居」（《史記．貨殖列傳》）。二里頭文化與夏王朝有密切的關係。最近不僅中國的研究，許多日本學者也因為與二里頭文化的關係而主張夏王朝確實存在。

殷（商）——大規模城郭的出現

根據司馬遷在《史記》中的記載，夏的下一個王朝為殷，帝王統譜從成湯到帝辛（紂），共有三十位。河南省安陽縣小屯的遺跡殷墟所出土的甲骨文字（卜辭）所刻內容，跟《史記》上的記載幾乎一致。殷是第一個可確認其真實存在的王朝。

始於西元前一六〇〇年左右的殷王朝，可區分為以河南省鄭州二里崗遺跡為典型的二里崗文化之前半期，還有西元前一三〇〇年左右到前一〇四六年左右的殷墟時代之後半期。殷的勢力範圍已有明顯擴大，北至現在的北京市，西到山西省中部至陝西省東部，南抵長江中游北岸。

殷組織了名為𠂤（師）的直屬軍團，遠征各地。之後的西周初期將殷的舊族聚集於成周，結成稱之為「八師」的八個軍團。在殷的時代應該也曾經存在可與八師匹敵的軍團。殷後期的殷墟時代，首次使用了戰車。殷後期之所以能擴大勢力，可以歸因於以最新戰車隊為中心的軍團活動。

殷代後半期出現了中國史上第一個王權之名。那就是出土於殷墟的甲骨文字（卜辭）上所刻的「王」。卜辭中將「王」這個字以鉞的形狀來表現。鉞象徵著刑罰、軍事能力，表現出殷王朝的王權特質。

甲骨文字是在盤庚到帝辛（紂）這殷王朝後半期的數百年間，由確實存在的十二位王以及貞人（占人），觀察炙烤牛肩胛骨或龜殼後所生的龜裂，將該占卜內容以及判斷結果刻於甲骨上的文字、文章，因此又稱為卜辭。卜辭中刻有歷代王名、一整年中周期性祖先祭祀可否執行、農作物收成狀況、可否狩獵或巡行，可否戰爭，天候好壞等占卜文章。

殷在卜辭中始終自稱為「商」，將其中心聚落記載為大邑商、天邑商、中商等。王朝名「商」為核心聚落的地名，殷這個名稱是後來周賦予的美稱，意指繁盛殷賑。

透過卜辭的研究可知，殷的核心聚落大邑商直接控制的地區為一兩天可來回的半徑二十公里左右之範圍，其中有數個中級聚落，以及受到中級聚落控制的多個下級聚落，構成三階制聚落群。這種聚落型態跟龍山文化時期的三階制聚落群為相同型式。

不過殷代的中心區核心聚落群如前期的偃師商城（東西一千二百公尺、

南北一千七百公尺）和鄭州商城（周圍六千九百六十公尺）〔圖6〕般，已經具備大型城郭。後期核心聚落殷墟並無城郭，但是洹水兩岸有東西六公里、南北四公里的遺跡，表示曾有大型聚落空間。其中心有南北一千一百公尺、東西六百五十公尺、深五公尺的濠溝，加上洹水所包圍的宗廟宮殿區。

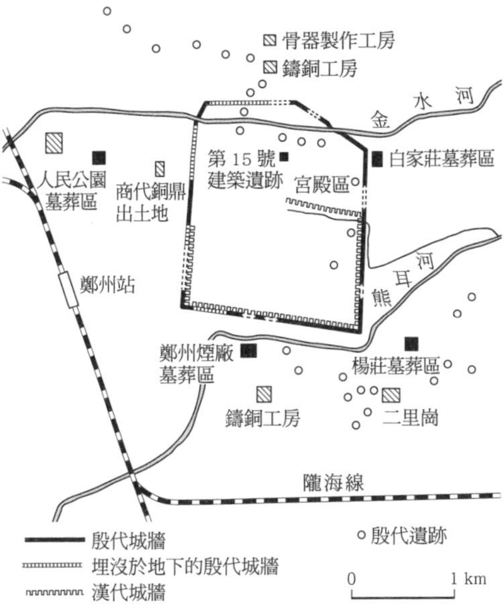

圖6　鄭州商城遺跡圖

無論有無大規模城郭，大規模聚落的中心區和周邊區域除了有祭祀設施、墳墓、倉庫等，還有分布廣泛從事青銅器、骨器等生產的氏族集團之工房、住處。另外前來納貢的各地首長、統治集團的房屋，還有後來稱之為殷八師的軍團駐紮地，也都曾經存在於這個地區。

那麼中心聚落大邑商，又是如何看待超過本身三階制聚落群之外的勢力範圍？

中國考古學者陳夢家，根據卜辭和周代的資料，將殷對其勢力範圍的認識和記載整理如下〔圖7〕。大邑商周邊有稱為「奠」的領域。奠是商直接統治的地區，相當於後世文獻中所見的「甸」（畿內）。也可以指前文所述王外出田獵的半徑二十公里左右之範圍。

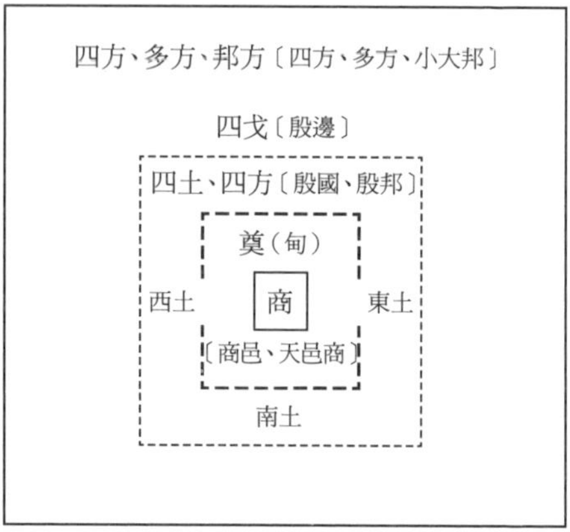

圖7　卜辭所見殷代領域區畫〔根據西周記載〕

奠的外側有四土（四方）。卜辭中有許多針對東土、西土、南土、北土這四土占卜「收成如何？」的例子。會詢問農作收成的狀況，表示這些地區與大邑商有密切的利害關係。這些領域相當於西周資料中所謂的殷國、殷邦、大邦殷，是商邑所統治的領土。

殷的邊界領域稱之為四戈，應是西周資料中所稱的殷邊。其外側是多方、邦方等叫做「方」的領域。方有周方、鬼方、土方、羌方等某某方的稱呼，在卜辭中經常問到可否征伐或者是否會入侵。方為與商對峙的獨立政治勢力。其集合名詞為「多方」。西元前十一世紀中葉，多方之一的周方自西方延伸其勢力進入商，開始控制「中原」。

西周

周原本以渭水上游陝西省寶雞縣一帶的周原為其據點。到了西元前一一〇〇年左右，文王將據點移至西安市西郊灃水西岸一帶，該據點稱為豐京。繼任的武王於其東岸建立了鎬京。鎬京又被稱為宗周。武王由此繼續往東方進軍。根據文獻上的傳說，八百諸侯和各族結成同盟，在西元前一〇四六年左右殷朝最後君王紂王（帝辛）遠征東夷時發動叛亂，導致殷的滅亡。

西周將領地分封給同族和同盟各族，企圖以封建制達到政治統合。周朝以武裝封建制展開殖民活動，其政治、文化影響力北達北京及華北全區，部分可至湖北省的長江中游流域。

武王之子成王在河南省洛陽建立成周，收容部分殷朝舊民和八師軍團，

圖 8　何尊銘文

以此作為經營東方的據點。一九六三年，陝西省寶雞縣賈村出土了西周初期的青銅器「何尊」。其銘文（金文）描述成王建立成周的經過：「唯武王既克大邑商，則廷告于天，曰：餘其宅茲中或（國），自茲乂民……（武王攻克大邑商後，告祭於天曰：以中國為據點，在此統治人民）」（圖8）。在此第一次明確地表現出中國與天的觀念。中國在西周初期指的是成周洛陽一帶。這也是後來稱為中原的地區。

東周時期在周朝宮廷中所吟唱的《詩經．大雅》詩篇中，有批判西周末期厲王治世的「民勞」篇。其中有「惠此中國，以綏四方」一語，之後又改換歌詞為「惠此京師，以綏四國」。根據這些詩歌，中國是京師、也就是有龐大的師（軍團）存在的首都範圍，四方則是包圍中國的南國、東國等四方諸侯受封建的領域。

根據西周金文的記載，西周王權是由三層結構形成的政治空間。其核心為王都宗周、成周，周邊有數個軍事組織和兼營山林畜牧的王權直轄還（縣）。這相當於大邑商「奠」的領土。第二層是包圍王都的內域（國）、稱之為中域（國）的內服領土，在此由受封的內服諸侯直接支持著王權。其外的第三層是被稱為四方、四域（國）的外服領土，內服諸侯—百生的支族受封於各地。

西周對領土的認知與殷幾乎無異。與殷不同的是，王家開始經營家產，以及出現了三有司等初期的官僚制，為了整合這些秩序，建立了冊命（任命）儀式等禮制，並且創造出天、天命的觀念，以確保其統治的正當性。

周創造出天與天命的觀念，作為討伐殷商、掌握王權的正當性根據。何尊和大盂鼎等西周初期的金文中，有許多文王受天命、武王領有四方等相關描述。最後除了王的稱號之外，更誕生出「天子」稱號。西周初期的周公簋和大克鼎等銘文上，將周王稱為天子，《尚書．立政篇》的開頭，周公旦稱成王為「嗣天子王」。進入春秋時代，《春秋》經文和《春秋左氏傳．隱公元年》（西元前七二二年）中，除了王和天子之外，有時也會稱周王為天王。應是與「嗣天子王」相關的稱呼。

周王除了殷商以來的王號，還自承受天命之王權「天子」，身處中國（中原），政治統御力擴及四方、四國，君臨封建制度的頂點。但此時尚無對所有國土的領土觀念。周的王朝名取自其出身土地。

三、殷周時代的政治整合——從貢獻制到封建制

社會規模擴大、階級化開始變得明顯的龍山文化到周代這段期間，社會是以何種機制來維持、整合？

龍山文化到殷代的社會整合制度，是後來稱為「貢獻」的納貢制。殷末到西周貢獻制繼續進化、複雜化，成為封建制。我們先從單純的政治整合型態貢獻制開始說起。

貢獻制

貢獻制是指首長、王權等政治中心之從屬或受其影響的各地區聚落、族，上納禮器、武器、財貨、穀物、人物等，幫助首長或王權所主宰之祭祀

或儀禮等，表明其從屬意志之行為。相對於此，首長和王權在執行祭祀或儀禮時，會將政治中心所累積的納貢品，大方地重新分配給前來參加的地區聚落或各族集團代表，藉此建立起政治秩序。透過這種「納貢－重新分配」關係，首長、王權得以逐漸實現政治整合（圖9）。在此列舉幾個例子。

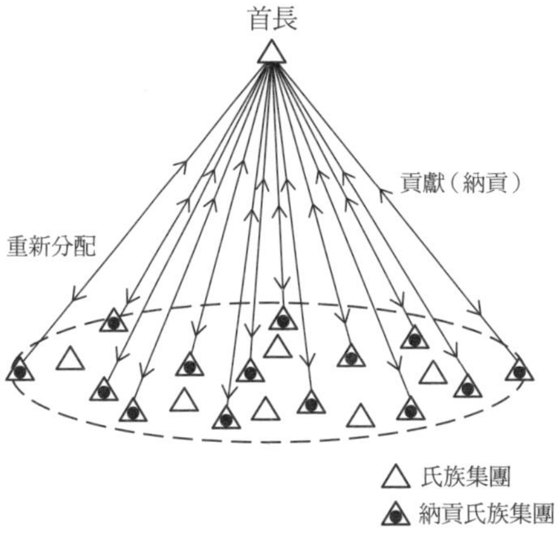

圖9　貢獻制

考古學者林巳奈夫分析二里頭遺跡出土的軟玉製品，認為這個時代已經有「納貢－重新分配」的機制存在。軟玉是光澤美麗的稀有半寶石。另外軟玉也是比鋼鐵稍硬、不易碎裂的礦物，可以用作裝飾品或刀刃等道具。軟玉製品是二里頭文化最出色的生產物，可以看到有石刀型的軟玉器，以及斧、戈等道具。林巳奈夫將這些軟玉製品區分為兩類，分析如下。

第一類軟玉製品可以上溯到龍

山文化的傳統，不過形狀和樣式並不一致。第二類軟玉製品開始於二里頭文化，形式上具備統一性。第二類軟玉由於是產自二里頭文化，樣式自然會有統一性，這一點沒有問題。至於有各種樣式的第一類軟玉製品，是從宮殿附近以及首都中心的墓中所發現，為二里頭王權中有權勢者之所有物。這些第一類軟玉製品是征戰時的戰利品，或者各地承認其控制權，作為報答所上獻的產品。因此型式、裝飾都不統一。戰利品和上獻的軟玉製品經由王權再重新分配給有權勢者，所以墓中才會出土樣式不統一的玉器。軟玉製品的上獻和重新分配，顯示了「納貢—重新分配」這種政治秩序的存在。

最著名的「納貢—重新分配」物品就是南海所產的寶螺。寶螺在龍山文化時期開始流入中原地區，自二里頭文化時期逐漸增加，到了殷後期出現激增。多數寶螺都集中在殷墟的大墓，中小墓裡數量極少，可以推測應是由王權所獨占。西周期的青銅器以「朋」為單位計算十朋、二十朋等，許多青銅銘文中都記載了王權下賜寶螺、進行重新分配。

殷周時代的王權獲得其從屬的多數族集團奉獻許多犧牲動物和祭器、穀物、鹽等，這些納貢品一部分用於王室的祭祀儀禮，一部分則重新分配給王室家臣或諸侯。

從這些例子可知，「納貢—重新分配」始於聚落結構階級性已變得明確的龍山文化時期，之後從二里頭時期到殷周逐漸發展、漸趨複雜。西周時王權下的貢獻制已經相當有組織，成周、中域（國）聚集了來自四方、四國的納貢品，有豐富的累積。反過來也可以說，納貢的集中形成了作為中域（國）的「中原」。

何謂封建

從殷末到西周，貢獻制進化為封建制。「封建」這個詞彙並非西周當時就已經存在。封建第一次出現是在《春秋左氏傳》中。當封建的樣貌已經改變，只是徒留形骸的戰國到漢代時期，才出現了這個詞語。西周當時多半只以「封」或「建」來表現。以下行文將使用封建二字，不過先請各位留意詞語出現的時間點。那麼到底什麼是封建呢？

在《春秋左氏傳・定公四年》（前五〇六年）中，如此記載了周初魯國（山東省曲阜縣）的封建：

……分魯公以大路（車）、大旂（旗），夏后氏之璜（玉），封父之繁弱（弓），殷民六族，條氏、徐氏、蕭氏、索氏、長勺氏、尾勺氏，使帥其宗氏，輯其分族，將其類醜，以法則周公，用即命於周。是使之職事於魯，以昭周公之明德。……

魯國是武王之弟周公旦的兒子伯禽受封之國。封建時周王因應魯公的身分，將外來的禮器、武器以及領土和殷民六族進行了重新分配。殷民六族依照「宗氏—分族—類醜」組成氏族制，為金字塔型的結構。可追溯到與始祖在血統上的系譜關係者為宗氏，與宗氏有清楚系譜關係的分族構成氏族上層，氏族上層下有系譜關係曖昧的族內成員類醜。

《春秋左氏傳》還記載了將衛國（河南省淇縣東北）封給武王之弟康叔時，除了領土、禮器之外也重新分配了殷民七族（陶氏、施氏、繁氏、錡氏、樊氏、饑氏、終葵氏），將晉國（山西省翼城縣）封給武王之子唐叔時，重新分配了屬懷姓的九宗血緣集團以及封土、禮器，並且命其統治各自的受封領地。

被分配到魯、衛、晉的殷民各族還有懷姓九宗，透過職事與各國邦君維持君臣關係，形成鬆緩的政治整合關係。職事核心為納貢與戰役。

周初諸侯封建的狀況，可以參考同時代的資料宜侯夨簋銘文（一九五四年，於江蘇省丹徒縣煙墩山出土）〔圖10〕。根據此銘文，周王將淮水下游的宜這片土地封給宜侯夨，除了重新分配禮器、武器之外還包含有三十五邑（聚落）的土地，軍事組織鄭七伯及其下屬之鬲一〇五〇夫，宜的庶人六百多人，還有王人十七生。宜的國都以及被分配的三十五邑，應該與城子崖或大邑商直接整合的階級制聚落群是一樣的聚落群形式。這種封建方式與《春秋左氏傳》的記載幾乎一樣，可見《春秋左氏傳》的魯、衛、晉封建是根據相當正確的傳承所記錄。

圖 10　宜侯夨簋銘文

諸侯與百生

重新分配給宜侯的鄭七伯和王人十七生，

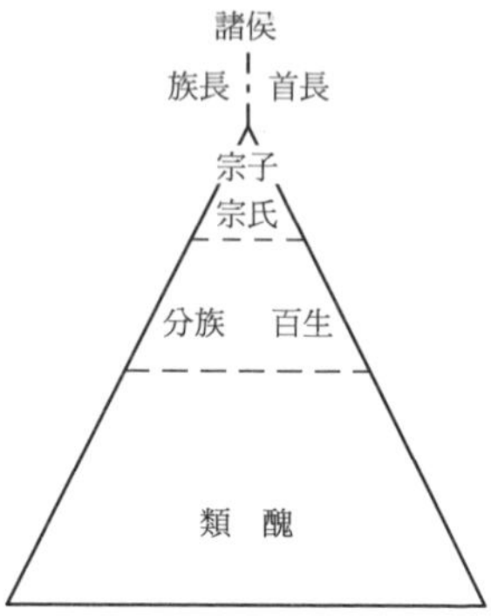

圖11　西周氏族制

跟以人數計算的鬲一千零五十夫、宜庶人六百餘夫不同，是以集團來表示。王人十七生與「軍事集團鄭七伯—鬲夫集團」，應該皆屬與周王權相關的十七族人組織。十七生的集合名詞為百生。讓我們來思考一下「百生」這個詞彙。

在其他西周金文裡也可以看到這個被分配給宜侯的王人十七生集團。例如西周後期的善鼎銘文，製器者善記載，周王命令他的祖先幫助㠱侯、執行軍事勤務。善奉王之令製作這個禮器，「余其用格我宗子雩（與）百生」，祈求善宗室的幸福。善與㠱侯皆是對王權執行軍事勤務的軍人，他的背景確實有由宗子和百生這兩層關係所形成的宗室，也就是血緣組織。百生是生的總稱。㠱侯相當於前述的魯公伯禽，而善所說的「宗子—百生」，應該相當於分賜給魯國的殷民六族之宗氏—分族，以及賜給宜侯的王人十七生吧（圖11）。

西周後期的金文兮甲盤，顯示了當時諸侯與百生的關係。兮甲盤上記載了兮甲隨周王征討玁狁，又奉王命管理四方及南淮地區夷人聚集於成周之積（納貢品）。其中王特別警告：「淮夷舊我帛畮（賄）人，毋敢不出其帛、其責（積）、其進人（淮夷原從屬於我周之下，不得欠繳貢帛、糧賦、人物）」，還提到「我諸侯、百姓，厥賈，毋不即市，毋敢或（有）入蠻宄賈，則亦刑」（諸侯、百生不得侵犯淮夷的特產品）。

在此提到的諸侯、百生，指的是各諸侯及受諸侯管理的百生。由此可知，在周王權眼中，百生是諸侯及其治下的政治主體。兮甲盤中除了周王和「諸侯—百生」的封建關係之外，也提到以單純納貢關係從屬於王權的淮水流域夷人集團。透過善鼎、宜侯夨簋、兮甲盤等表現出「諸侯—百生」關係的銘文可知，殷末、西周的社會之基本結構是以「宗—生」形成的父系親族集團。在諸侯邦國內，百生透過與諸侯之間因身分序列而異的「納貢—重新分配」關係，組成包含從屬關係的統治集團，整合被稱為類醜的族人。集合於宜、魯、衛、晉等國都的「諸侯—百生」統治集團，進入春秋後開始被稱為「國人」。

西周的封建制度

西周的封建制度，從穀物、人物、財貨等的「納貢—重新分配」這種單純貢獻制更進一步複合化，在一開始封建時便重新分配代表了身分序列的禮器或封土以及族集團，分配職業（貢物、征戰等）納貢，將中心王權下的多位下級首長「諸侯」，以及「宗氏—分族」、「宗子—百生」套入階級序列中，藉此整合政治秩序（圖12）。

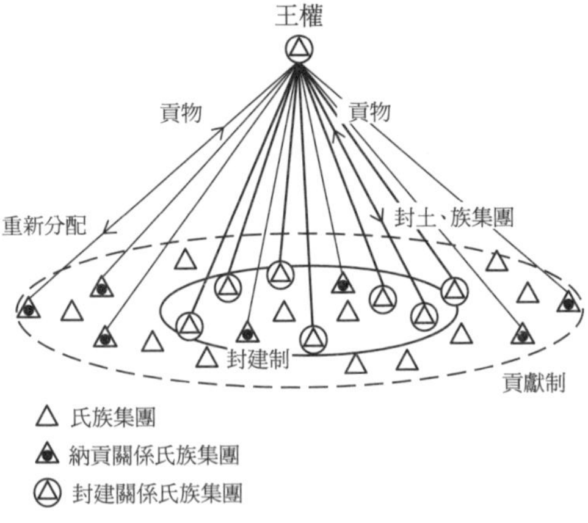

圖12　封建制圖

此時王權和「諸侯—百生」的關係，透過「納貢—重新分配」，成為上級首長與下級首長之間的相對君臣關係。王權頂多只能到達「諸侯—百生」所形成的統治集團，無法滲透到下層族集團的內部。另外，周王權的文化政治影響力可及的所有地區之首長或族集團，並非全部都與王權建立了納貢關係、封建關係。在中原地區和淮水流域及其周邊地區，可零星散見被稱為戎或夷的各族。他們有時會因納貢而建立起從屬關係，但通常並非如此。西周王權還沒有成為統一的領土國家，發揮其政治控制權。這是在「前國家」階段中，以較複合、廣範圍的方式所實現的酋邦式社會統合。

西周封建制度有兩種類型。第一種類型是將與周王權具有系譜關係的首長或建立起同盟關係的異族首長，以武裝殖民的形式派遣至各地，伴隨代表身分序列的禮器，重新分配王人百生等各個親族集團，令其統治該地各集團和領土。第二種類型就像是分封給殷遺民的宋國，基本上維持舊有的族集團，封為諸侯幫助其建國。藉由這兩種類型的封建，周王權重整其統治版圖，將政治影響力擴大到四方。可以說西周封建制度的特質，就是一種武裝殖民地型的封建制度。

殷主要採取直屬軍團遠征以擴大領土的方式。遠征時一定需要兵站等後方支援。但是像殷周這樣以「納貢─重新分配」為基礎的酋邦式社會整合階段，還無法確立起足以支撐兵站活動和後方支援的財政。如果無法確立起有組織的兵站活動，那麼藉由遠征擴大領土的行動將相當不穩定。在殷前期的二里崗時代，如同湖北省長江北岸的盤龍城遺跡（武漢市黃陂區）所示，殷的統治範圍急速向四方擴大，但最後隨著二里崗文化的衰退，也一起退潮萎縮。殷後期也放棄了盤龍城。

周在成周編組了殷八師、在宗周編組了西六師這些直屬軍團，以直屬軍團的遠征來擴大領土。再加上將宗周周邊構成統治集團的內服「諸侯—百生」支族分封各地，以武裝殖民方式來擴大領土。一個不需要後方支援的封建制，得以更加穩定地統治其領土。周的統治比殷穩定，乃是因為其統治體制已然相當發達，也就是要歸功於能進行複合社會整合的封建制度，特別是武裝殖民地型封建制度。不過到了春秋時代諸侯紛紛自立，最後也成為推翻王權的基礎。

第二章

中國的形成——春秋、戰國

一、春秋、戰國的「英雄時代」

西元前七七〇年，由於內部對立和周邊諸族的入侵，周王放棄宗周，遷至成周。之後直到西元前二二一年始皇帝統一全國的約五百五十年間，稱之為東周。

東周又可分為兩個時期。前期一般認為是西周東遷的西元前七七〇年起，到晉國分裂為韓、魏、趙三國的前四五三年。由於與記載魯國十二代君主的編年史書《春秋》記載的時代相當，一般將之稱為春秋時代。之後到西元前二二一年為止，根據主要記載十二國政治過程和說客行動的《戰國策》，稱之為戰國時代。

這個諸王權分立期，也正是各王權為了求生而展開激烈武力競爭的時代。在各王權的武力競爭下，從封建制、酋邦的社會整合網路間隙中，產生了郡縣制的政治整合方式，更進一步產生天下和中國的領土觀念。這也是中國的「英雄時代」，亦即國家形成的時代。

春秋時代——天下＝中國的萌芽

春秋時代隨著諸侯對周王的自主性提升，周王的權威也漸漸衰退，封建制度開始動搖。進入春秋時代後，各國之間的戰爭成為常態。在戰爭的競合過程中，諸侯經常無法提供天子貢獻，封建制基礎的納貢制逐漸不穩定。齊國桓公（西元前六八五—前六四三年在位）、晉國文公（西元前六三六—前六二八年在位）等被稱為霸主的國君接連出現，諸侯共聚一堂舉行盟誓活動，企圖重新建構起對王權的貢獻制度，維持封建制。

盟誓活動多半會在宗廟舉行，除了在成為神明的先王前立誓停止戰爭之外，這種儀禮也具備了擁戴周王、重新建構貢獻制基礎的封建秩序之目的。根據一九六五年在山西省侯馬市出土的「侯馬盟書」玉片文書上所寫，盟誓活動除了在諸侯之間舉行，也曾為了調停趙氏家族等晉國內部各首長的紛爭而舉行。霸主和各氏族的宗主成為盟誓活動的主持人，藉此勉強維持著以貢獻制為基礎的封建秩序。

另一方面，中原周邊也已經出現新的動向。以長江中游為根據地的楚，在春秋初期武王（西元前七四〇—前六九〇年在位）自稱王號，春秋後期越國和吳國將勢力延展到長江下游和江南，自稱為王。春秋時代華北中原的王權漸趨不穩，同時也出現多個在長江中下游稱王的王權。從諸侯間的競爭，進一步演變為諸王間的競爭。

西方周邊在西周東遷後，整合各族的秦在西周故地建國，也受到周王的承認。一九七八年在陝西省寶雞縣太公廟村發掘出秦公鐘、秦公鎛，其銘文記載秦的祖先受天命而建國，昭文公、靜公、憲公應皇天之命壓制了蠻方、異族等打造此禮樂器的經過，並且祈求秦公能永遠領導秦國及其四方。另外，民國初年出土的秦公簋銘文上也記載：「受天命，鼏宅禹蹟……，造有四方。」（祖先承天命在禹蹟建國，領有四方。）秦公鐘、秦公簋皆為西元前六世紀後半所製作。春秋時代除了周王以外，諸侯中也會以受天命為由而建國，說明其統治四方異族的正當性。

秦公簋銘文中所稱的禹蹟，是與進入戰國時代後開始流傳的夏朝始祖禹治水、開拓國土等傳說有關的詞彙。禹蹟是大洪水之後禹開始治水，將國土分為九州來整治的整合領域。西元前五八〇年左右所製作的叔夷鎛鐘的銘文上，描述了遙遠先祖殷商成唐（初代湯王）的功績，記載「咸有九州，處禹之都」。直到西元前六世紀前半期為止，已經形成了銜天命建國，還有與禹蹟和九州等與國土相關的觀念。

目前還沒有發現殷周有明確記載「天下」的金文。不過觀察文獻，記載孔子（孔丘，西元前五五一—前四七九年）言行的《論語》中，則頻繁出現天下二字。在春秋末期的西元前六世紀到前五世紀交替期間，禹蹟＝九州這種國土觀念已經很明確，可以推測當時已經出現天下的領土觀念。

戰國時代——天下與中國的形成

進入戰國時代，戰爭狀態日益白熱化。春秋時代的戰爭以戰車戰為主，即使大規模的戰爭頂多也是幾萬人的規模。進入戰國時期，開始以步兵戰為主，也導入了騎馬戰術，每一場戰爭都要動員數十萬兵士。西元前二六〇年，秦趙賭上國運的長平之戰中，趙國的四十萬降兵同時被坑殺，總共有四十五萬人被殺。秦國也折損了半數兵士。

戰國中期，進入西元前四世紀中期後，諸侯國漸漸被淘汰，魏國君主曾

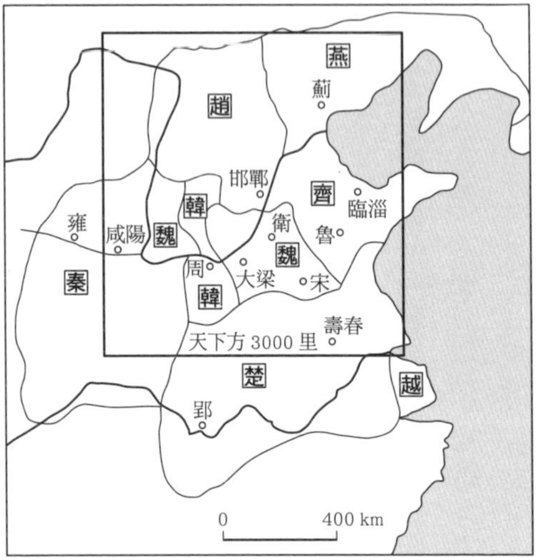

圖13　戰國形勢圖

經自稱夏王，齊國君主也開始稱王。西元前三三四年，齊魏在徐州的盟誓活動上彼此承認王號，之後華北諸侯也陸續稱王，以韓、魏、趙、秦、楚、齊、燕等七國為主，形成諸王並立的狀態。周的王權成為諸王之一，式微不振。

此時面見齊宣王的孟子（孟軻），將「中國」與四方夷狄相對比，指出「海內之地（天下）方千里者九，齊集有其一」（《孟子・梁惠王上篇》）。組合九個方千里，就是方三千里（約一千二百公里見方）的天下。

孟子在與農學家許行的討論中，也提到禹疏通濟水、漯水，使河水流入海中，並疏導汝水、漢水、淮水、泗水排入長江，因此「中國」才得以有農業生產（〈滕文公上篇〉）。根據這段描述，很明顯地「中國」指的是長江以北的華中、華北農耕社會，這個領域也跟方三千里的天下廣度幾乎一致〔圖13〕。

戰國末期的天下與九州

戰國末期秦國編纂的《呂氏春秋》中，首次明確地記載區畫為九州的方三千里（約一千二百公里見方）之天下的構造及其特性。「凡冠帶之國，舟車之所通，不用象譯狄鞮，方三千里。古之王者，擇天下之中而立國，擇國之中而立宮，擇宮之中而立廟。天下之地，方千里以為國，所以極治任也。」（身穿合於禮制的服裝，水陸交通通暢可達，無須通譯之地，有三千里見方。古代的王者選擇天下中心建立國都，於國都中心建造宮殿，於宮殿中央設立宗廟。天子以此千里見方之地為國，將其視為中樞以統治天下。）（《呂氏春秋・慎勢篇》）天子以王者之姿整合的天下，是共享相同語言、交通以及政治文化的農耕社會領域。

同樣在戰國末期的秦國編纂的《尚書・禹貢篇》中，根據禹治水、開拓國土的傳說，記載分為九州的方五千里（約兩千公里見方）天下，也詳細描述了從九州各州所納貢的田租、賦、貢物，以及來自附屬各州的周邊各族之貢物。在戰國末期之前，禹建立的國土「禹蹟」與區分為九州的相同政治文化圈「天下」，可說是一樣的觀念。

禹創造的天下九州說，在戰國中期之前已經出現，而且孟子等儒家學者將之稱為「中國」。比孟子稍晚，活躍於西元前四世紀末到前三世紀中期的鄒衍曾表示：「以為儒者所謂中國者，於天下乃八十一分居其一分耳。中國名曰赤縣神州。赤縣神州內自有九州，禹之序九州是也。」（儒家學者所稱中國，其實只是天下的八十一分之一。中國被稱為赤縣神州。赤縣神州內也有九州，正是禹所整治的九州。）他還提到「中國外如赤縣神州者九，乃所謂九州也」（在中國之外還有九個跟赤縣神州一樣的州，這才是原本所稱的九州）（《史記．孟子荀卿列傳》），闡述他的大天下說（編按：一般稱為「大九州說」）。此大天下說是以當時已經存在的儒家學者天下＝九州＝中國說為前提，首次成立的言論。天下整體的國土概念，在戰國各王權的競爭和成長這種相互關係中逐漸產生、發展，演變為與具體政治文化和經濟、稅制密不可分的國家觀念。那麼這種整體的國土觀念又是以什麼樣的社會為基礎而產生、發展的呢？

二、小農民社會的形成——從百生到百姓

庶民百姓的出現

清朝考證學鼻祖閻若璩（一六三六—一七〇四年）曾經對儒家經典四書、五經中所出現的百姓詞條進行疏證（《四書釋地又續》百姓條）。結果發現，在《尚書．堯典》、《尚書．舜典》以及《禮記．大傳》等五經中，偶爾可見以百姓稱呼有爵位、領地的百官，但是之後的《大學》、《中庸》、《論語》、《孟子》等四書中出現的二十五例百姓，除了《孟子．萬章上篇》引用的《尚書．舜典》這一例之外，所用的百姓皆指稱一般我們所謂的庶民。由此可知，百姓在古時原本意味著享有爵位、領土的百官，但是在戰國時代漸漸改變，開始指稱庶民。現在的中國也以「老百姓」作為庶民的親暱稱呼。

儒家經典中意味著百官的百姓，實體應該是西周各國諸侯統治下組成統治集團的百生。在西元前五世紀之前，百生開始以不同的實體，也就是被統治的庶民百姓而出現。目前尚未發現直接表現出從百生到百姓之變化的史料。或許得追溯其變化背後的社會動向，才能釐清因何改變。其中最主要的社會變化是原本對王權、諸侯進行貢獻及軍事服務的宗子—百生親族集團出現了重整，開始被庶民百姓取代其軍事、力役。

小農經營與小農民社會的形成

第一個社會變化，就是在春秋戰國時期廣泛形成了以小家族為主體的小農經營。我們在前面提過，仰韶文化期以四個左右的小家族組成複合家戶，為消費和生產的基本單位。小家族從這種複合家戶中自立出來，形成可進行生產和消費的家。我們先來看看這些家庭的實際生活狀況。

被視為法家之祖的李悝，曾經對魏文侯（西元前四二四—前三八七年在位）作「盡地力之教」。他的論述中也描述了西元前五世紀末到前四世紀初小農經營的型態。讓我們跟文侯一起聽聽李悝是怎麼說的：

今一夫挾五口，治田百畝，歲收畝一石半，為粟百五十石，除十一之稅十五石，餘百三十五石。食，人月一石半，五人終歲為粟九十石，餘有四十五石。石三十，為錢千三百五十，除社閭嘗新、春秋之祠，用錢三百，餘千五十。衣，人率用錢三百，五人終歲用千五百，不足四百五十。不幸疾病死喪之費，及上賦斂，又未與此。

（假如一個農夫家有五口，可耕作百畝（三．六四公頃）土地。此人每年每畝（三．六四公畝）可收成一石半（三十公升）的粟，百畝則有一百五十石（三千公升）的收入。上繳十分之一的稅，也就是十五石後，還剩餘一百三十五石。糧食每人每月約消耗一石半，五人一年就是粟九十石，剩餘四十五石。一石的粟可以換算為三十錢，四十五石就是一千三百五十錢。若在鄉里祭典或慶祝豐收等祭祀中用三百錢，還剩下一千五十錢。衣服每人約三百錢，五人一年便是一千五百錢，算來不足四百五十錢。不幸患病或喪葬費用，或者臨時徵收，皆尚未計算入內。）（《漢書．食貨志》）

在這裡描寫的是五口小農家如何拮据營生，每年耕作自己所有的百畝土地會有多少虧損。百畝土地在《禮記・王制篇》和《孟子》中稱之為「百畝之分」、「分田」，其地目為「口分田」、「職分田」，之後直到唐代皆為土地持有、經營的基本單位。

上述家計計算僅以男子負責的主穀「粟」之生產為基礎，多少得打點折扣。其中並沒有計入蔬菜栽培或者雞、豬等家畜飼養的部分。此外，也沒有包含由成人女性負責的服裝生產。李悝的家計計算中，導致不足的最大因素為服裝的購買。但是麻、絹等服裝原料的生產和編織，如同「男耕女織」這句慣用成語所示，主要都來自女性的勞動成果。如果將女性勞動列入計算，那麼將不需要有衣服一千五百錢的支出，可以得出剩餘粟三十五石（一千五十錢）的結果。但是如果加上李悝省略的疾病、喪葬費用還有臨時租稅等費用，生活確實依然如他所言的拮据。上面這些論述的要點，在於五口之家以一年一作的農法經營百畝土地這件事。

西元前四世紀半左右，孟子曾經說過：「五畝之宅，樹牆下以桑，匹婦蠶之，則老者足以衣帛矣。五母雞，二母彘，無失其時，老者足以無失肉矣。百畝之田，匹夫耕之，八口之家足以無飢矣。」（一夫耕作百畝的分田，在五步的宅地中種植桑樹，妻子養蠶織絹，飼養五隻雌雞和兩隻雌豬，那麼即使是家中有老人的八口之家，也可免飢寒。）（《孟子．盡心上篇》）這段話與李悝的「盡地力之教」同樣表現出戰國時期小農標準經營的樣態。

社會分工的形成

孟子還曾經與主張君主應與臣子庶民一同從事農耕的農學家許行之弟子們進行討論。其中孟子首先確認了冠等裝飾品，還有釜、甑等陶製炊煮用具，以及鐵製農具等農民無法自己製作的東西，都可以用穀物交換獲取，也就是百工、手工業者與農民之間存在著社會分工關係。

接著孟子主張負責統治的君主是從事精神勞動的「勞心」者，跟從事生產勞動的農工「勞力」者之間同樣有明確的分工關係，因此農工「勞力」者應該對君主「勞心」者提供其生產物，奉養君主。孟子的主張推翻了統治者和被統治者皆應從事農業的君臣並耕說（《孟子．滕文公上篇》）。

此時以小農經營之形成為基礎，已經清楚地認知到農工間的社會分工之存在，以及統治集團和庶民百姓間精神勞動和肉體勞動的社會分工之存在。

小農社會成立在社會分工的形成以及彼此不可分的關係之上。

農耕方式的變化

華北農業的變化、進展，是春秋戰國時代的小農經營和社會分工形成過程的根基。這裡所謂的改變，是指農耕方式由仰韶文化期以來重複種植數年後即放棄耕地的切換耕地農法，改為每年在同一塊耕地上種植一次、收穫一度，所謂一年一作的農法。

如同孟子所說，西元前七世紀到前四世紀間華北出現了鐵製農具，並且逐漸普及。前端分成兩股狀如叉子的「耒」，湯匙形的「耜」，這是在木製翻土用具前端加上鐵器，不但可以加深翻土深度，同時作畦、條播也變得普遍化。另外「鋤」這種鍬型的中耕、除草用具出現，條播後要割除畦上的雜草、進行肥培管理變得更為容易（圖14）。孟子以「深耕易耨」（〈梁惠王上篇〉）來表現這種狀況。

於是，當時漸漸不再需要更換耕地，可以每年在同樣地方持續耕作，因此得以實現一年一作的農耕方式還有小家族的農家經營。但是在這裡要特別留意的是，如同李悝和孟子所述，三至四公頃（相當於一個甲子園球場，三・八公頃）的土地只能養活五至八口的家族，所以儘管是一年一作的農法，都還處於相當粗糙的農業生產階段。在後述的商鞅變法之後，由於畝制的擴張，秦漢時代的分田（一頃＝一百畝）為四・六公頃，幾乎相當於一個東京巨蛋（四・七公頃）。

（A）紀南城出土的耒　（B）張灣出土的持耒俑

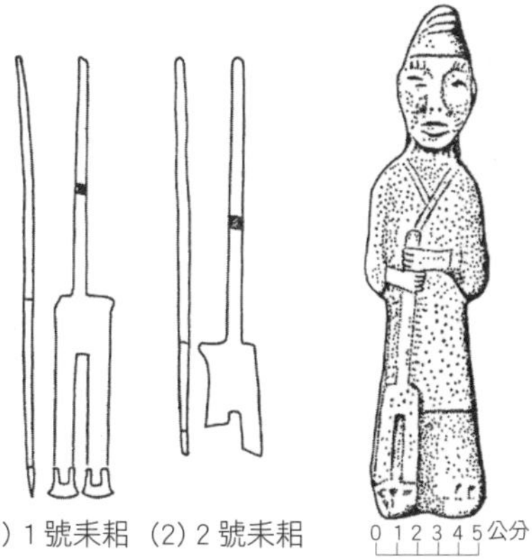

(1) 1 號耒耜　(2) 2 號耒耜

圖 14　戰國農具

作畦栽培、一年一作農法的成立過程中，魯國在西元前五九四年秋天，頒布了史上「初稅畝」的法令（《春秋》），西元前六、五世紀交替時期，晉國各地開始根據各種長度的畝制，施行一年一作農法和收取收成量五分之一的租稅制度（銀雀山漢墓出土《孫子兵法・吳問篇》）。這也影響到進入戰國時期後，李悝向魏文侯進言的十一之稅。租稅的成立，象徵著建立於統治者

「勞心」集團和庶民百姓「勞力」之分工關係上的公權力關係確實存在。

步兵戰的出現

第二種社會變化，是裝備青銅製武器的步兵之出現。二里頭遺跡出土了青銅製的鉞，中國的武器、刑具進入了金石並用期。殷代已經出現各種青銅製武器，戰國時代末期的戰爭一般都會持青銅製武器作戰。殷代後期出現了戰車，到了殷末，已經很普遍地用在戰爭上。

周以戰車為編制兵力的基本單位，有組織地展開戰車戰。周滅殷的其中一個要因，便是這種組織性戰車戰擴大了機動力。標準編制是由四頭馬拉一輛戰車，有三名戰士乘坐；其中一人操縱戰車，其他兩人持弓矢、矛、戈、戟等武器作戰。戰士為構成統治集團的世族成員，另外還會附帶每輛戰車乘載數十名非戰士的輿人，以及被稱為「卒」的民眾。

西元前六世紀中期，晉國每縣被賦以百輛戰車的軍役，縣大夫等統治者世族階級提供乘戰車出戰的戰士，並從下層社會徵集輿人、卒等輔助戰士的勞役。在這樣的體制中，晉國在西元前五四一年正式出現步兵戰，不過還僅限於和以步兵為主力的山戎等異族在山區的戰爭。

西元前六世紀末、前五世紀初，邊境諸侯吳越兩國出現了獨立的步兵部隊。隨著吳越勢力的北進，步兵部隊擴大到中原各地，百姓小農也開始負擔步兵的軍役。秦國在西元前四〇八年開始允許百姓帶劍，這代表官方承認庶民的武裝，也意味著秦國對庶民軍役的大量動員，以及已將庶民編入步兵的現象。這也形成了約五十年後商鞅變法實現「耕戰之士」的前提條件。小農經營的廣泛形成，以及以小農為主力的步兵之出現，讓維繫生活、承擔軍役的主體，從以往首長層的世族，轉換為百姓小農之家。在此可以觀察到社會基礎已從百官百生，變化為庶民百姓。

三、從封建制到縣制

春秋縣的成立——晉國霸主體制與縣

接著讓我們以西元前六世紀後半晉國五十縣體制這個具體例子，來確認在這種社會變化過程中，自西周延續下來的封建制度是如何解體。

歷史學者吉本道雅將中原諸侯透過盟誓活動從屬於晉國霸主這個中心的政治秩序，稱為霸主體制，在霸主晉國及各從屬國的國內，有力氏族代代獨占世襲卿位的政治體制，稱為世族統治體制。這種政治體制屬於過渡期的體制，還停留在封建制度內部。

春秋中期成立的世族統治體制及其解體，可以從縣制成立的觀點來加以確認。確立霸主體制的文公成為晉國君主時，西元前七世紀後期的晉國政治編制如下：

元年春，公及夫人嬴氏至自王城。……胥、籍、狐、箕、欒、郤、柏、先、羊舌、董、韓，實掌近官。諸姬之良，掌其中官。異姓之能，掌其遠官。公食貢。大夫食邑，士食田，庶人食力，工商食官，皂隸食職，官宰食加。政平民阜，財用不匱。

（西元前六三六年春天，文公與夫人嬴氏從周之王城返回晉國。……胥、籍、狐、箕、欒、郤、柏、先、羊舌、董、韓等各世族管理朝廷政務，國君和同族姬姓賢良之士管理中央政務，有才能的異姓世族管理地方政務。晉公靠貢物生活，大夫身分的世族收取采邑租稅，士靠祿田收入生活，庶人農民則自食其力，手工業者、商人為官府工作領取官廩，身分低賤者依其職務領取口糧，家臣靠大夫加田生活。政治清明，民生豐裕，財用充足。）（《國語・晉語》）

根據這段描述，國君（晉公）的朝廷中，有十一公族，以及與中央同姓的姬姓各族，並且在地方安置了異姓各族，靠這些享有采邑的世族大夫納貢財物，來維持公室。以國君為頂點的公族、同姓各族、異姓各族之結合，與西周初期宜侯封建，以及魯、衛、晉封建的編制相通，這意味著仍存在族制統治集團。同時這也顯示了晉國的政治統治是以父系血緣系譜關係為基礎的各氏世族和姬姓、異姓各氏族之複合集合體，為一高度發達的酋邦社會。

不過晉國世族階層在這個時期關於軍制改革發生了激烈的勢力爭逐，在西元前五三九年之前，欒、郤、胥、原、狐、續、慶、柏等各世族陸續沒落。軍制改革和世族統治層的重整，成為一大課題。另一方面，晉國在稍早之前的西元前七世紀中期開始，便利用階級制聚落群的型式，漸漸施行以中心城郭聚落為核心的縣制。那是不同於血緣系譜關係，伴隨著軍事條件而編組的體制。

重整為「縣」的階級制聚落群，被分封給世族，而領有各縣的世族則以縣大夫的身分統治以縣城為中心的該聚落群。縣除了是系屬晉國的公邑，也是世族的采邑（私領），具備雙面性。韓氏七縣、祁氏七縣、羊舌氏三縣，諸如此類，各世族領有數縣，組成晉國的統治集團。《春秋左氏傳》中如此描述西元前五三七年當時的狀況：

> 韓起之下，趙成、中行吳、魏舒、范鞅、知盈；羊舌肸之下，祁午、張趯、籍談、女齊、梁丙、張骼、輔躒、苗賁皇，皆諸侯之選也。韓襄為公族大夫，韓須受命而使矣。箕襄、邢帶、叔禽、叔椒、子羽，皆大家也。韓賦七邑，皆成縣也。羊舌四族，皆強家也。晉人若喪韓起、楊肸，五卿八大夫輔韓須、楊石，因其十家九縣，長轂九百，其餘四十縣，遺守四千，奮其武怒，以報其大恥。

（韓起之下有趙成、中行吳、魏舒、范鞅、知盈等五卿；羊舌肸之下有祁午、張趯、籍談、女齊、梁丙、張骼、輔躒、苗賁皇等八大夫，都是出眾賢良。韓襄為公族大夫，韓須受命出使。韓氏箕襄、邢帶、叔禽、叔椒、子羽等皆屬大家族。韓氏徵稅的七個城邑皆為大縣；羊舌氏四族也都是強盛家族。晉國如果失去韓起和楊〔羊舌〕肸，五卿、八大夫將輔助韓須、楊石，靠這十家九縣、九百輛戰車，以及其餘四十縣的留守戰車四千輛，發揮勇武，報仇雪恥。）

西元前六世紀後半的晉國，在以韓起為核心的六卿八大夫指導之下，組成了可由四十九縣提供四千九百輛戰車軍團的軍事聯合體。換句話說，晉國以縣為單位，每縣約賦課了一百輛戰車軍團的軍役，負擔軍役的戰士以各縣大夫為中心、編組軍團，各縣大夫又與韓氏、羊舌氏等世族在族的結合之下，編組為大軍團。這些世族大軍團在六卿八大夫的指導下，成為與他國對峙的晉國軍團。晉國藉由這種以縣制為單位的軍事編組，整合起具備不同血緣系譜的卿、大夫各家及世族等統治階級，形成了以族的結合為基礎的統治集團聯合體制。

晉縣下層的動向

相對於世族、諸家所組成的統治集團，晉國縣制下層在西元前六世紀中期已經開始有組織地實施農民的徭役。《春秋左氏傳》關於西元前五四三年有下列這段有趣的敘述：

晉悼夫人食與人之城杞者。絳縣人或年長矣，無子，而往與於食。有與疑年，使之年。曰：「臣小人也，不知紀年。……」。……趙孟問其縣大夫，則其屬也。召之，而謝過焉。……遂仕之，使助為政。辭以老。與之田，使為君復陶，以為絳縣師，而廢其輿尉。

（晉悼公夫人招待為其故鄉杞國築城的役卒。其中有個絳縣老人，因為膝下無子故自己服役，也去接受招待。有人懷疑他的年齡，要他說出年齡。他說：「下臣乃卑微小人，不知記錄年齡。……」。……趙孟問起老人的縣大夫是誰，原來就是他自己的下屬。趙孟把老人召來向他道歉。……趙孟想任命老人為官、輔助自己執政。但老人因年事已高而辭謝，趙孟遂給他土地，讓他協助辦理免除傜役的事務，擔任絳地縣師，並且將徵召他的輿尉免職。）

根據這段記載，可以知道西元前六世紀中期晉國縣制的組織。縣的長官為縣大夫，其下有輿尉負責傜役徵發。此時縣還設有縣師。根據西晉杜預（二二二—二八四年）的注釋，「縣師掌地域，辨其夫家人民」（縣師的職責為掌管地方事務，辨別男女人民）。這代表了當時除了由世族擔任的縣大夫之外，徵發執行築城勞動的輿人、居民開始依照居住地進行編組，同時也有縣令、縣尉等幹部，已經形成了秦漢時期的縣制組織架構。同時也意味著官僚制帶動了庶民百姓的組織化。

西元前六世紀中期的晉國，以傜役編制為中心，在縣制下層的輿人、縣人（百姓）的居住地開始出現高度組織化。但是統治集團則依然以血統上族與族之結合作為軍事編制基礎，進行整合。在輿人、縣人逐漸形成小農經營，並且編制為步兵、進入政治社會的過程中，上述因軍事編制而結合的族制統治集團開始走向解體，並在過程中建構起以官僚制度為基礎的新縣制。

這即是中國的國家形成，也就是「英雄時代」的最終局面。

三家分晉與戰國縣制的形成

西元前五一四年，韓、趙、中行、魏、范、智六卿滅了晉國公族祁氏（領有七縣）、羊舌氏（領有三縣）等，重整其領地，重新任命縣大夫。晉國內部六卿之間的競爭等族制統治集團內部的競爭、重整，也因此白熱化。在長達約六十年的重整過程中，西元前四五三年韓、魏、趙三卿排除其他三卿的勢力，三分晉國；西元前四〇三年，三國受周王承認為諸侯。至此，晉國統治集團終於解體。

晉國在這三國分立的過程中，施行了官僚制下的新縣制。三家分晉的中心人物趙襄子（西元前四五七—前四二五年在位）當政期，用任登這個人物擔任中牟的縣令，任登在上計時，推薦了一名中牟縣的賢士，獲得採用（《呂氏春秋・知度篇》）。另外李悝主張「盡地力之教」的魏文侯時代，擔任鄴縣縣令的西門豹逐年上計（《韓非子・外儲說左下・第三三》）。「上計」除了是該縣向中央政府報告政治財務，同時也是一種貢納地方賢人、租稅、貢物的制度。上計制度的存在，表示以一年為單位的財務營運，以及派遣非世族的官僚統治地方的行政體系業已確立。

晉國從公族滅亡到三家分晉這六十多年間，由族制統治集團所形成的縣制，逐漸轉換為派遣官僚進行統治的縣制。但是目前並無留下能了解其具體過程的晉國相關史料。相較之下較能了解具體狀況的是以商鞅變法為核心的秦國體制改革過程。接下來我們就來看看秦國推動該變法的經過。

四、商鞅變法——西元前四世紀中葉的體制改革

位於華北西部的秦國，如同前文所述，屬於後發的諸侯國，西元前四世紀中葉，「不與中國諸侯之會盟，夷翟遇之」（不參加中國諸侯的盟誓活動，被視為等同夷狄）（《史記・秦本紀》）。秦國的改革晚於中原諸國，西元前五世紀末到前四世紀中葉，以稱之為「商鞅變法」的一連串改革為中心，重新編整了其政治社會。其改革核心在於透過戶籍掌握小農民、小農社會，將其編為具備不同等級之爵位的國家成員，負擔軍役、傜役、租稅。以下讓我們

來確認這重整過程中所出現的政治社會特徵。

變法的前提

秦國的改革過程跟三晉的改革一樣，歷經了半世紀之久。改革始於西元前四〇九年「初令吏帶劍」（首次允許官吏帶劍）、隔年西元前四〇八年「百姓初帶劍」（首次允許百姓帶劍），以及「初租禾」（首次對穀物〔禾〕課徵租稅）（《史記．六國年表》）。西元前五世紀末，秦國的官吏和百姓都被允許武裝，並且以租稅為媒介構成了統治集團和被統治集團。

之後在西元前三七九年，首次立蒲、藍田、善明氏為縣，西元前三七五年施行戶籍制度（「為戶籍相伍」《史記．始皇本紀》），隔年西元前三七四年，在與魏國之戰的前線櫟陽城也設置了縣。中原各國施行新縣制的同時，應該已經開始了戶籍制度。從可確認的趙、魏各縣上計中，最重要的項目就是戶口數的報告。不過在史籍中明確記載戶籍的，則以秦國的記載為嚆矢。

秦國東部施行縣制，與戶籍制度下編入的百姓、小農有著相互關係，這也是為了因應與對峙的東方大國魏國作戰必要的軍事需求。商鞅變法便是以這些改革為前提開始的。

關於戶籍

商鞅變法的制度前提為戶籍，戶籍是徵收租稅、徭役（兵役）的戶口、田土台帳，直到清朝為止，都是用來控制庶民百姓的政治工具。在此我們將概觀戶籍，釐清商鞅變法在中國史上具備的歷史性意義。

戶籍是收取租稅、徭役、兵役之用的基本台帳。組成戶籍的單位「戶」，是一般徵收租稅、徭役、兵役的單位，負繳納之責的戶主在秦漢時代稱為戶人，到了唐宋則稱為戶主、戶頭、當戶等。戶籍通常為戶主自行負責自主申報，稅役以戶為單位合計，統一繳納。根據稅役收取的型態，每個時代的戶籍記載內容、樣式都不一樣。不過一直到之後明朝的賦役黃冊、清朝的編審冊，基本上都仍一貫具備戶口、田土台帳的功能。

戶籍是以鄉、里為單位而編成。也就是與其所屬的親族集團或與血統無關，根據居住地來區別住民，以居住地為單位對國家盡公共義務。因此在中國戶籍的出現，可以說與國家的形成同義。

誠如其名，戶籍的共通點在於以戶為單位來編成。此時要留意的是，應區分戶、家，與家族的不同。

家族是根據血緣關係而編組成的社會組織，大致可分為由一組夫妻和未婚子女形成的小家族，以及包含多數婚姻關係，集合數代小家族形成的大家族（擴大家族）。

家有時僅包含家族，有時還包含非血緣的成員，例如非自由民（奴婢、部曲等）、外來同居人（客人、佃客等）。這兩者因為共同經營生活，故為共通的社會組織，或許在此可把家稱之為「世帶」，和家族做個區分。

戶是戶口、田土登錄於戶籍時的單位，通常會以社會上最多的小家族為單位進行登錄。因此這時戶與家（世帶）和小家族往往是一致的。商鞅在第一次變法中鼓勵分異，政策性地推動小家族分家，第二次變法也禁止父子、兄弟同室生活，強化分異的推動，因此秦國戶籍上戶與家和小家族應該大致一致。

不過也因為如此，戶與家（世帶）經常被斷定為相同，或者忽略家（世帶）與家族的差異。這是因為混淆了政治制度和社會組織。該時代的史料記載者也一樣出現了這種混淆，確實不容易區別。

登錄單位的「戶」，一般以通常「家」（世帶）為基礎。秦漢以後中層以上的家通常包含了非家族成員，所以奴婢、客等都會登載在戶籍中。假如家（世帶）只由家族（血緣）組成，那麼戶＝家＝家族，認知就不至於混淆。然而如果是由擴大家族所編組成的家（世帶），或者包含非家族成員，那情況就不一樣了。

登錄戶籍時，擴大家族有時會分割為數個小家族來進行登錄。此時戶的政治編成與家的社會組織並不一致。相反地，有力家族之下也可能由許多小家族編成一戶。北魏前期將三十或五十家整合為一戶的宗主督護制，就是一種典型的例子。此時戶是許多家在台帳上的集合體，戶與家和家族並不一致。

無論何者，主要目的都在於減輕、逃避稅役負擔。站在國家的立場，這些都是所謂「檢括」、「括戶」的取締對象。包括脫離戶籍的逃戶、流亡，以及為了逃稅、避役而不實記載等等，戶籍都成為了國家郡縣制和庶民百姓之間最前線的鬥爭場域。

那麼商鞅是如何在其體制改革中定位戶籍的呢？讓我們一起來看看變法的具體內容。

第一次變法

商鞅（？—西元前三三八年），原名公孫鞅，是衛國庶子。原本仕於魏國，但未得榮祿，剛好遇上這時力圖改革的秦孝公（西元前三六一—前三三八年在位），開始負責改革。他開始被稱為商鞅，是在體制改革成功之後，獲得商於的封邑成為列侯，才號為商君。

商鞅的體制改革長達七年、共有兩次。西元前三五六年實施的商鞅第一次變法，是以百姓編成的小家族之家（世帶）為單位，將其耕地、宅地、奴隸等其他動產都附載於戶籍下，並且使其承擔軍役。法家的韓非子後來將這些人稱為「耕戰之士」。參戰之後如果獲得戰功，將可獲得更高等的爵位，還可以享受擴大田宅土地額度等種種恩典。

這種社會的軍事編制不僅及於百姓，也包含了秦國宗室。沒有戰功的公族就不會附載於宗室的戶籍中，也不能享有特權。即使是統治集團也跟小農民、百姓一樣，根據血緣血統原理進行的政治編制，被軍事編制所取代。在秦的爵制秩序之下唯有靠戰功才能獲得統治者身分，顯示出族制統治集團的解體，以及以直接生產者小農的居住地進行編制，這意味著國家的形成。

商鞅第一次變法的重點，可說就在於透過戶籍，將小家族百姓的小農經營進行軍事編制。

商鞅又推行了以五家、十家為單位的什伍制組織，讓居民相互監視是否有犯罪情事。這種什伍制相互監視的機制，在企圖擺脫以血緣系譜進行社會整合的小農社會中，帶來了小農家戶之間的隔絕。這種機制與頻繁的戰爭動員又起了相互作用，嚴重阻礙了小農彼此間自行產生、共享整合規範，以形成新的地緣組織。無法形成新的地緣團體，使得國家得以透過戶籍直接統治小農，並且產生流動性高的小農社會，成為催生專制主義式政治統治的溫床。

第二次變法

第一次變法施行後七年，「民勇於公戰，怯於私鬥，鄉邑大治」（《史記・商君列傳》）。於是商鞅在西元前三五〇年，著手進行第二次變法。首先

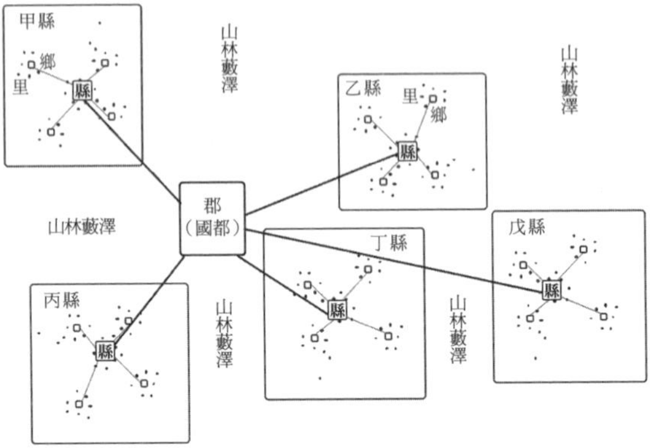

圖 15　戰國秦漢郡縣鄉里概念圖

商鞅在咸陽新立國都，從雍城遷都至咸陽。

其次，他重整了小都、鄉、邑、聚等大大小小的聚落，將有城郭的大規模聚落設為縣，中級聚落定為鄉，小聚落為里，在秦國全境施行由「縣—鄉—里」這種三階級聚落群所形成的三一（亦有一說為四一）縣制〔圖15〕。縣有中央政府派遣的縣令、縣丞、縣尉進行行政統治。

施行縣制後，第三項改革是開闢道路以將耕地區分為千畝（十頃）和百畝（一頃），實施耕區整理（阡陌制）〔圖16〕，將分田制落實為制度。第四項改革是調整度量衡制度，力圖租稅負擔的公

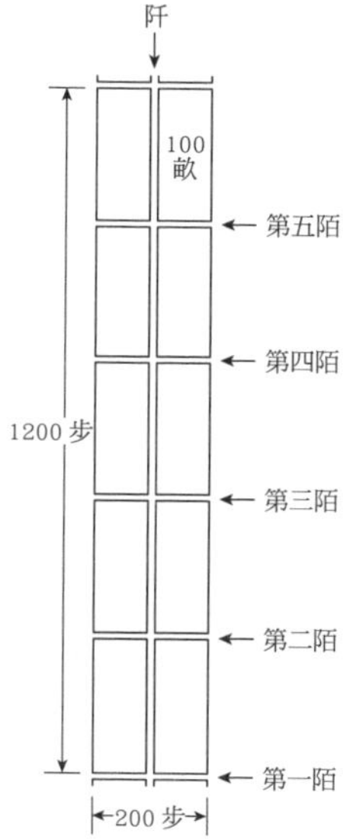

圖 16　阡陌概念圖

平。兩年後，西元前三四八年，完成縣對中央政府貢納租稅的賦制。

秦國在西元前三五六年到前三四八年的體制改革，讓秦國走向富強，建立起滅戰國六國、統一天下的基礎。同時也開創了繼秦之後的漢以後專制國家的雛形。

變法的各種結果（一）——從縣制到郡縣制

秦國在變法之後，首先對鄰近的魏國和楚國發動戰爭。西元前三三〇年，秦國獲得魏國黃河以西的領地，又進一步侵略魏國黃河以東，西元前三二八年，魏國獻上與匈奴相接的上郡十五縣給秦國。秦又在西元前三一二年，占領楚國的漢中之地方六百里，設置漢中郡，隔年也在其屬國蜀設郡，開始直轄統治。於此，秦國邊境首次導入了郡縣制。

郡是春秋末期晉國首次出現的行政區。晉國的郡是設置在新獲得的邊境地帶之軍管區，由國君直接統治。郡和縣之間原本並沒有統屬關係，但進入戰國時代後，軍事逐漸往邊境擴張，開始在郡下分設數個縣，形成了郡縣二級制的地方組織。結果開始廣泛設郡，連既有的縣也納入管理。秦國也因為西元前四世紀中期的商鞅變法，在整個統治領域展開縣制，進一步擴大領土，在與北方游牧種族匈奴以及西南方西藏各族相接的邊境地帶設郡。

西元前二八八年，齊國自稱東帝、秦國自稱西帝，但不久後兩國皆去帝號、仍然稱王。隨著郡縣制的發展，各王權已經開始摸索能凌駕於眾多競爭勢力上的統一權力稱號。

而秦國又在西元前二七八年攻下楚國舊都郢，於該地設立南郡，隔年陸續設置巫郡、黔中郡，西元前二七二年設置了南陽郡。如上所述，在西元前二五六年滅周之後，秦國接連在西元前二三〇年滅韓、西元前二二五年滅魏，逐漸攻下六國。

西元前二二二年，秦滅了據點移至遼東的燕國，於代地稱王的代王嘉被擄，趙國滅亡。至於南方戰線，秦國平定了楚國及江南地方，降服越族的越君，設置會稽郡。隔年西元前二二一年，秦國趁虛攻打主力集中於西方的齊國，從燕國南方入侵攻齊，擄齊王建，齊國滅亡。春秋戰國的分裂時代至此落幕，以郡縣制為基礎的中國第一個統一專制國家於焉形成。

變法的各種結果（二）——荀子的國家論

荀子（荀況）是戰國儒家晚期大儒，他也是唯一能夠用一貫的邏輯來解釋社會形成到戰國國家結構的思想家。他在西元前三世紀中葉曾拜訪秦國，面見當時的宰相范雎（？—西元前二五五年）。范雎是指揮長平之戰、給趙國帶來致命打擊的人物。荀子答范雎之問，表示秦國都城、官府有威嚴，士大夫、百吏恭儉敦敬，且百姓純樸（《荀子．強國篇》）。商鞅變法之後約經過一世紀，秦國在王權之下已經建立起以宰相為首的官僚制，並且以官僚制來統治百姓。

荀子觀察他眼前的戰國國家，做出了具體的分析。他繼承了孟子的「勞心」、「勞力」分工論，進一步發展出以社會分工為基礎的禮制國家論之集大成。他的理論將分工論作為禮制的基礎，是極為現實主義式的國家論，也成功地將中國專制國家的階級基礎理論化。以下將參照《荀子．富國篇》的記載，來概觀他的社會論、國家論。

荀子表示「人生不能無群」，指出群體的存在、社會的存在為人類的特質。他又繼續闡述「群而無分則爭，爭則亂。……有分者，天下之本利也」，主張群體（社會）的秩序要靠分（分工）（編按：一般解釋為「名分」）來形成。他提到「故百技所成，所以養一人也」，認為每個個體的生活都是因為有不同品質的各種勞動、技能所生產的物品，以及各式職能、角色分擔所支撐。也就是說，每個人都在社會分工的體系下相互依賴，群體（人類社會）才得以成立。

他另外定義，在群體中的人類以其能力進行區分，詳於道者為君子，詳於物者為小人。他認為君子是從事精神勞動的「勞心」者，具體來說即等於「王—相國（宰相）—士大夫—官人百吏」等官僚體系。小人是從事肉體勞動的「勞力」者，具體來說指的是農、工、商等肩負社會分工的百姓庶民。換言之，荀子根據精神勞動和肉體勞動的社會分工，將君子＝王權、官僚制統治小人＝百姓形諸理論。

他又提到「由士以上則必以禮樂節之，眾庶百姓則必以法數制之」（士以上的人必須靠禮樂來規範，百姓庶民一定要以法制來統治），荀子主張運用禮樂和法制來確保政治社會的秩序。以禮樂法制維持政治社會秩序的理想，在東西漢交替時期花了百年左右時間，終於得以實現。其經過將於第四章詳述。

荀子視為精神勞動的王權、官僚體系，誕生於封建制下基於血緣系譜關係形成的統治集團「國君－世族層」之解體。這和因小農經營的形成，使氏族制下層「類醜」生成庶民百姓的過程，有著相互關係。根據荀子的分析，筆者認為「王權－官僚制」體系對庶民百姓統治的生成，正是傳統中國階級統治、「皇帝－官僚階級」統治百姓階級，也就是專制國家形成的開始。關於這一點，將在接下來的章節中以秦漢帝國為例進行確認。

第二章

帝國的形成——秦漢帝國

秦國進入秦王嬴政（西元前二五九—前二一〇年，西元前二四六—前二一〇年在位）統治時代，如同前述接連滅了六國，在縣上設郡，於西元前二二一年一統天下。秦王政棄王、天子之稱號，採用超越這些王權的帝號，自稱始皇帝。帝號的由來是天上至高的神明皇天上帝，意味著主宰宇宙的偉大上帝。

始皇帝又「分天下以為三十六郡，郡置守、尉、監」（《史記．始皇本紀》），將春秋戰國時期在各國生成的地方統治制度「郡縣制」，重新定位為全天下一致的地方制度。另外始皇帝還命令蒙恬率領三十萬兵士攻擊游牧民，攻占河南（今河套地區）之地，同時連接舊六國修築的長城、建造萬里長城，拉起對抗北方游牧民的軍事界線。其版圖以華北、華中為中心，擴及華南、內蒙，實現了以天下為中國的國家。禹創造的國土是天下＝九州的禹蹟，此時始皇帝以其統治的三十六郡之天下，將禹蹟化為現實。

始皇帝統治的三十六郡天下，漸漸往朝鮮半島和華南、越南北部開始軍事擴張。這段過程中逐漸蠶食了過去有著獨自發展的南方稻作社會和北方游牧社會，統整多元社會，意味著專制統治走向帝國化。不過由於秦朝國祚極短，帝國化經過秦漢交替時期的政治混亂後，直到漢武帝時才堪稱完成。接著讓我們來看看這段經過。

一、從郡縣制到郡國制

始皇帝的郡縣制統治

郡縣制於春秋戰國時期開始形成，在統一天下的秦朝完成。郡縣制中，縣的上級組織郡或州的數量，之後隨著時代有大幅變動，但縣的數量從漢到清，大約都在一千二百到一千五百之間。郡縣制為皇帝統治的專制國家之基礎，郡縣制的根基則在於縣。

近來發現了可以了解統一秦朝郡縣制統治的具體資料。二〇〇二年，在湖南省龍山縣里耶鎮里耶古城的水井，出土了三萬六千片簡牘〔圖17〕。內容主要是一批秦朝洞庭郡遷陵縣過去不為人知的邊境郡縣官府文書。目前有部分已經整理發刊，不過全貌尚未公開。光是從已公開的簡牘，就可以詳細

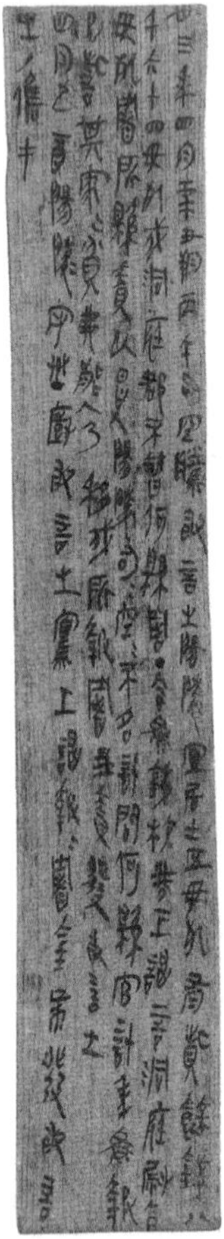

圖 17　里耶秦簡

了解原本屬於楚國的秦朝邊境遷陵縣之行政組織。目前持續以簡牘解讀為核心，正在進行細緻的研究當中，筆者在此先簡單介紹個人解讀之概略。

根據公開的簡牘，遷陵縣上屬官府為洞庭郡，洞庭郡有洞庭太守府和洞庭郡尉府兩個官府。郡太守府的長官是太守，乃以行政為中心來統整全郡的官府，郡尉府的長官為郡尉，由軍政官府來統整一郡的甲卒、縣卒。洞庭郡下除了遷陵縣之外還有酉陽縣等多縣。

遷陵縣位於現在湖南省西北部，北有湖北省、西接四川省。此地目前是多種少數民族生活的稻作地區，應該自古即是稻作社會。在某一份簡牘上記載了當地的營生：「黔首習俗好本事不好末作，其習俗槎田歲更以異中縣。」

（百姓習俗好農業不好商，每年更換耕作的槎田習俗與中原不同。）關於槎田，目前尚未有確切資料，不過應不同於中原一年一作的方式，可能為隔年休耕的農業。槎有截斷木材之意，因此也有可能是記載著新開墾地的農業。無論如何，都可以看出當地稻作比先進地區中原的旱作農業落後。

遷陵縣的組織

接著我們來看看遷陵縣的組織。遷陵縣設有縣令、縣丞、縣主簿等，除了中央政府派遣來的幹部職員之外，其下編制有吏曹（人事管理）、尉曹（傜役管理）、戶曹（戶口、租稅、祭祀）、金布曹（貨幣）、倉曹（穀物、隸臣妾管理）、庫曹（武器）、司空曹（刑徒管理）、獄曹（司法）、覆曹、車曹等，另外還有管理公田的田官，管理家畜的畜官，以及管理船舶、運輸的船官等。各曹、各官下配置有曹嗇夫、令吏，佐、史等職員。這些縣官府編制、職員配置跟漢代的縣組織幾無二致，可見得已經存在一種全國統一的組織規範。這樣的組織型態一直延續到東漢（詳見後述第四章一七九頁），直到因隋初改革而變質為止。

關於縣官府的職員人數，簡牘中有這樣的記載：「吏凡百四人，缺三十五人。今見五十人。」（吏的員額有一百零四人，但缺少三十五人，目前在官府工作的有五十人。）西漢時在一萬戶以上的縣設縣令，一萬戶以下的縣設縣長。制度上一萬戶左右的縣在秦漢時期應屬於中等規模的縣。假設是大約一萬戶的縣，那麼員額一百零四人的吏員人數似乎有些少。不過官府的修繕、打掃，以及照顧幹部職員、跑腿等維持官府所需的單純勞務，則由義務徵集的百姓來輪流擔任。另外關於工程、製作、手工作業等必須的體力勞動，則使用隸臣妾（官奴婢）、刑徒，以及百姓徭役。雖然不清楚吏員以外的官府勞工人數，不過應該可以肯定遠遠多於吏員人數。

遷陵縣的鄉里制

遷陵縣除了縣城內的都鄉之外，還有啟陵鄉、貳春鄉等，共有三鄉。此外還有唐亭、貳春亭等管理交通、警察業務和耕地阡陌的「亭」，在簡牘中也記載另外還有管理通訊業務的「郵」。鄉設有鄉主鄉嗇夫，其下配置職員佐、史，亭設有校長，郵則有郵人。鄉在其聚落中或者周邊有幾個里，每個里置里典（里正）。

概觀位於秦之邊境的遷陵縣組織，可以看出秦的縣制以龍山文化期以來的三階級制聚落群形式為基礎，全天下統一編組為「縣—鄉—里」的行政組織〔參見圖15〕。

基本上繼承秦制的西漢制度中，鄉設有三老，有秩、嗇夫，游徼等職位。三老負責鄉中風俗教化、善導，有秩、嗇夫各自負責租稅徭役的徵收，游徼則管理警察業務。秦的鄉嗇夫主要職務應該也是徵收租稅徭役。在此要特別留意的是，漢代的戶籍稱為鄉戶籍、戶版，係以鄉為單位製作。秦漢時期可能是由鄉嗇夫、有秩製作戶籍，據此來調整徭役租稅的徵收。

「里耶發掘報告書」中介紹了從里耶古城城濠出土的斷簡等二十八例戶籍簡牘。這些基本上都是小家族單位的戶籍，不過其中也記載了兩組三兄弟的婚姻等大家族和一名臣（男性奴隸），共計十一名的家之戶籍。

始皇帝的統一管理

為了統一管理郡縣制的天下，始皇帝將舊六國地區個別使用的漢字統一為篆書、隸書，並且推行「車同軌」，統一了法令和度量衡。除此之外，除了博士所利用的宮廷書籍之外，廢棄民間儒家等戰國諸子書籍，禁止以儒家為主的民間講學和言論，坑殺咸陽四百六十多儒士。漢代以後的人，特別是儒家，將之稱為「焚書坑儒」，誇張地指稱為文明的崩壞。

始皇帝還指示官府官吏學習統治所需的法律、度量衡等各種制度。這是一種法術主義的貫徹。以法令、刑律為基礎的官僚制統治，在漢代以後的各王朝也繼續承襲，成為統治基礎。始皇帝開始的這些統一政策，運用多種大量的文書，實施全國統一的官僚制統治，為實現皇帝專制統治不可或缺的對策，基本型態一直延續到清朝。

始皇帝除了車同軌之外，也在全國建設了稱之為直道和馳道的主要道路網以及驛傳制度，促進皇帝的命令「詔勅」或者中央、地方官府所發出的公文得以迅速傳達。

始皇帝還利用這些主要幹道，在他十一年的統治期間中，前後巡遊秦朝故地等舊六國領域共五次。始皇帝巡狩時會編整一隻名為大駕鹵簿的隊伍，以共有八十一乘的「屬車」為中心，率領大批戰車、騎馬同行。漢代的大駕鹵簿編制為戰車千乘、騎馬萬匹、屬車八十一乘，應是依循始皇帝鹵簿的標準。不過千乘、萬匹為成數，九九＝八一乘為聖數，應不用視為實際數字。鹵簿的編制在種類和規模上逐漸擴大，傳承到了清朝，成為一種皇帝對庶民百姓直接宣揚其武威、威德的裝置。

西元前二一八年巡遊東方時，始皇帝在距離洛陽不遠的陽武縣博狼沙馳道上，遭後來成為漢朝宰相張良（？—西元前一八九年）的暗殺隊襲擊。張良手下的殺手丟出三十公斤的鐵椎，但是擊中屬車，暗殺以失敗告終。宣揚皇威，永遠伴隨著生命的危險。

另外，始皇帝也在巡遊中親自祭祀舊六國各地山岳，將祭祀權收回手中，其中七處山岳都留下了讚頌秦朝威德帶來和平的文句。

始皇帝巡遊中最大的一場祭祀就是在泰山舉行的封禪。封禪儀式在山頂舉行，祕而不傳。儀式內容是向天報告統一天下，並且祈求秦皇權力永續，還有自己能長生不老。除了傳說中的聖王之外，封禪祭祀是由始皇帝所創始、實行的祭祀儀式，唯有實現天下太平的皇帝、天子才能舉行的祭禮。之後只有漢武帝、漢光武帝、唐高宗、周朝則天武后、唐玄宗，以及北宋真宗這六人舉辦過封禪祭祀。

始皇帝施政的目標，在於實際運用統一制度、法制，以及祭祀、祭儀的全國性整合。

漢高祖——開創郡國制

西元前二一〇年，始皇帝在出遊途中病死。死訊公開後，西元前二〇九年，陳勝（？—西元前二〇八年）、吳廣（？—西元前二〇九年）等農民軍和舊六國王族在各地蜂起。泗水亭長劉邦呼應陳勝起兵，以沛縣為據點逐漸擴大勢力。為了躲避仇敵正流浪到會稽郡的項籍（西元前二三二—前二〇二年），字羽，家中代代為楚國名將。他與叔父項梁（？—西元前二〇八年）一同將會稽郡守斬首，由項梁當上郡守，起兵反秦。

各股叛亂勢力中，最後由劉邦和項羽逐漸抬頭，項羽在西元前二〇六年火燒秦都咸陽、滅了秦國。他自稱西楚霸王「天下共主」，將秦的郡縣制再次分割，建立了十八個王國。諸王並立的戰國再次重現。劉邦被封為漢王，領地為巴、蜀（四川省）、漢中（陝西省南部）等四十一縣。漢的國號取自一開始受封的漢中地名。中國歷史上之後的王朝名、國號，直到北宋皆取自始封之地。

十八個王國最後漸漸被劉邦勢力所攻陷，西元前二〇二年正月項羽被殺，諸侯紛紛歸屬，成為漢的臣屬。同年二月，劉邦在諸王擁戴下登基稱皇。高祖劉邦（西元前二〇六—前一九五年在位）分封異姓功臣和同姓親族為王國、侯國。

西元前一九六年，高祖對建國以來曖昧不清的貢獻制和賦制施行了改革。他命令各王國、侯國在每年十月朝覲皇帝時進獻，直轄郡以其人口數乘上六十三錢為賦額，繳納給中央政府。王國、侯國是以郡縣為封地的封建制，他們透過貢獻制被納入皇帝轄下。漢朝直轄的納賦郡縣制，與以貢獻制為媒介的王國、侯國封建制結合，這種統治體制我們稱之為郡國制。在郡國制下王號不再是象徵王權的稱號，而是臣屬皇帝的一個爵位。

高祖在其晚年的西元前一九五年三月詔勅中回顧：「吾立為天子，帝有天下，十二年於今矣」（我即位為天子，稱帝天下，至今已經有十二年了）（《漢書．高帝紀下》），自稱為天子。高祖正式重拾始皇帝所排除的天子號。自此以後直到清朝，歷代皇帝除了皇帝之外還會並用天子號，作為統治天下之王權的稱號。

文帝時代的天下

高祖之後繼位的第二代惠帝劉盈（西元前一九五—前一八八年在位），在位七年便英年早逝。他的母親呂太后雉（？—西元前一八〇年）立少帝親臨朝廷，將呂氏一族中四人封為國王、六人立為列侯，掌握權力中樞。西元前一八〇年呂太后死後，劉氏一族的朱虛侯劉章（西元前二〇〇—前一七七年）與丞相陳平（？—西元前一七八年）、大尉周勃（？—西元前一六九年）等發動政變，剷平呂氏的勢力，迎高祖之子、受封代王的劉恆為帝。

文帝劉恆（西元前一八〇—前一五七年在位）在位二十三年間躬行儉德，以百姓民生安定為念，「專務以德化民，是以海內殷富」（致力於以德性教化民眾，因此天下殷實富足）（《漢書．文帝紀贊》）。不過文帝即位時，北方匈奴已經形成了強大的游牧國家。

匈奴興起於西元前四世紀末左右，西元前三世紀末的冒頓單于統一了東方東胡和西方月氏等各族，掌控了蒙古高原。西元前二〇〇年，高祖親征討伐匈奴，但卻於白登山（山西省大同市東北）大敗，簽下屈辱和議。到了文帝時代，漢朝每年都要向匈奴貢納黃金和高級織品，以示臣屬。

文帝么子梁王劉勝的太傅（輔導太子之職）賈誼（西元前二〇一—前一六九年）稱此狀態為「倒懸」，闡述如下：

天下之勢方倒懸。凡天子者，天下之首，何也？上也。蠻夷者，天下之足，何也？下也。今匈奴嫚侮侵掠，至不敬也，為天下患，至亡已也，而漢歲致金絮采繒以奉之。夷狄徵令，是主上之操也；天子共貢，是臣下之禮也。足反居上，首顧居下，倒懸如此，莫之能解，猶為國有人乎？

（天下形式為倒懸狀態。天子就是天下之首，因其位於身體最上方；蠻夷是天下之足，因其位於身體下方。如今匈奴態度傲慢、頻頻侵攻，極為不敬，實在是天下之大患，對其束手無策，而且漢每年都要貢納黃金跟高級織品。夷狄下令上獻，這原是君主行使的權力；天子納貢，這是在行臣下之禮。足反而居上、首卻居於下。若不解決這種倒懸的狀態，如何能治理國家

人民？）（《漢書・賈誼傳》）

賈誼面對強大的匈奴，提出天子所統治的天下領域應該包含夷狄在內。賈誼另外還提到「今漢帝中國也，宜以厚德懷服四夷」（現在漢朝稱帝，君臨中國。應該要以寬厚德性來懷柔四方夷狄）（《新書・匈奴篇》）。西漢前期已經認知到天下是由中國和四方夷狄所構成之領域。這代表中國以貢獻制為媒介，創造出周圍社會的相互作用圈，產生出建構新天下的基礎。

二、武帝時代——帝國的形成

文帝之後繼任的景帝劉啟（西元前一五七－前一四一年在位），開始嘗試削減兩代以來王國、侯國的領土和權力。此舉引發反抗，西元前一五四年發生了吳楚七國之亂，但短短三個月就被漢朝平定。以此為轉機，景帝繼續削弱王國、侯國的權力。武帝劉徹（西元前一四一－前八七年在位）時代，國王、列侯僅領取部分租稅維生，不再參與政治。王國、侯國跟直轄郡縣不再有區別。複合的封建制淪為形式，被郡縣制所吸收，戰國體制自此實質終結。

武帝即位後，國家長年平穩，也沒有遇到天然災害，民間、郡縣擁有豐富的穀物、財貨。首都長安累積了相當於數百億錢的財貨，太倉裡陳舊穀物層層堆疊，甚至堆放至腐敗無法食用。

由於文帝、景帝時代累積下的財富，武帝頻頻出征。他起用衛青（？—西元前一〇六年）和霍去病（西元前一四五—前一一七年）等武將，開始對過去不得已臣服的匈奴展開反攻。西元前一二七年，武帝奪回河南（河套地區），設置朔方、五原兩郡。西元前一二一年，平定河西走廊，設置武威郡、酒泉郡，西元前一一一年，又再分置張掖、敦煌郡，共為四郡，開始跟西域往來。往南在西元前一一一年滅南越王國，設置南海郡等九郡，還平定雲南的西南夷，設置武都郡等五郡，連越南北部都設有郡縣。往東在西元前一〇八年滅朝鮮王國，設置樂浪郡等四郡。諸如上述，漢朝的郡國統治範圍往四方急遽擴大，伴隨著種種影響，形成帝國。

三輔—內郡—邊郡

漢朝在外征過程中，於邊境設置許多郡縣，原本的郡國制也開始具備有帝國特徵的政治編制。漢景帝以來的郡國制重整，到了武帝時代繼續推動。首先在西元前一〇四年，設京兆尹（長安）、右扶風、左馮翊等三郡，稱之為「三輔」，形成首都圈。同時將漢人居住領域稱為內郡（西漢末有三十四郡、十九王國），邊境地區有多族混住，設置了部都尉、屬國都尉等內郡沒有的軍事機構，或者設置了稱之為「道」的縣官府這些領域，則稱為邊郡（西漢末有四十六郡、一王國）（圖18）。

圖18　西漢郡國圖

武帝之後繼位的昭帝劉弗陵（西元前八七—前七四年在位），在西元前八一年，讓郡國推舉賢良文學之官僚候補，將他們聚集在長安，召開會議。會議主題為鹽、鐵專賣制度等武帝期的財政政策，賢良文學之士跟政策負責人桑弘羊等，展開激烈論辯。之後根據會議上提交的議文，由桓寬編纂為《鹽鐵論》。其中某位文學之士對於邊郡和內郡之地區分工，有如下的論述：

邊郡山居谷處，陰陽不和，寒凍裂地，衝風飄鹵，沙石凝積，地勢無所宜。中國，天地之中，陰陽之際也，日月經其南，斗極出其北，含眾和之氣，產育庶物。今去而侵邊，多斥不毛寒苦之地，是猶棄江皋河濱，而田於嶺阪菹澤也。轉倉廩之委，飛府庫之財，以給邊民。中國困於繇賦，邊民苦於戍禦。力耕不便種糴，無桑麻之利，仰中國絲絮而後衣之，皮裘蒙毛，曾不足蓋形，夏不失複，冬不離窟，父子夫婦內藏於專室土圜之中。中外空虛，扁鵲何力？而鹽、鐵何福也？

（邊郡位居山谷，陰陽不調和，天氣凍寒，大地龜裂，疾風掃過鹽地，堆積層層沙石，無一處堪稱地勢良好。中國是天地的中心，陰陽調和，日月經過其南方，北極星出現在其北方，涵蘊各種調和之氣，物產豐足。現在離開中國征討邊境，積極往貧瘠寒苦之地擴張，就好比放棄長江黃河流域，改至山稜沼澤之地耕作一樣。正因為轉送中國的穀物倉中囤積的儲糧，急忙將府庫裡的財物供應給邊郡民眾，中國民眾才會苦於運輸徭役，而邊郡民眾也苦於防禦。邊郡民眾勤於耕作，但不擅長銷售穀物，布帛上也獲取不了利潤。邊境民眾等待中國供給絹絲、棉花，製成衣服，而毛皮和織物難以蔽體，夏天一直穿著重衣，冬天離不開洞穴，父子夫婦皆在磚造的半地下居室中生活。無論中國或邊境皆空虛，仿效名醫扁鵲血液治療的均輸法也無法奏效，鹽鐵專賣又豈能帶來幸福。）《鹽鐵論．輕重篇》

這位文學之士稱內郡為中國，視之為生產地區，因為要將軍需、生活物資運送到邊郡而苦，而非生產地區的邊郡居民一方面依賴內郡中國運來的物資，卻也得負擔兵役和防衛業務之苦。內郡和與其相對的邊郡、周邊之間，有著地區間的分工，構成相互作用圈，形成中國。

邊郡包括了旱作農耕社會、稻作農耕社會、狩獵採集社會、游牧社會、綠洲都市社會等，在郡縣下包納了這些營生行業各不相同的多種社會，具備多樣性。邊郡具備著三輔、內郡形成的中國所沒有的多樣性，跟中國之間創造出相互作用圈。這種相互作用圈建構起由「三輔─內郡─邊郡」形成的「中心─周邊」結構，成為皇帝透過戶籍實質上統治百姓的方萬里天下。

方萬里天下

西漢末年，儒家經典《周禮》忽然受到矚目，在關於「職方氏」、「大行人」等職掌的記載中，提到天下的範圍是九州（中國）和四海（夷狄）所形成的方萬里（約五千公里見方）。根據西漢末年平帝時期，西元二年的戶口、國土統計，「凡郡國一百三，縣邑千三百一十四，道（各族混住的縣）三十二，侯國二百四十一。地東西九千三百二里。南北萬三千三百六十八里。提封田一萬萬四千五百一十三萬六千四百五頃，……民戶千二百二十三萬三千六十二，口五千九百五十九萬四千九百七十八」（《漢書・地理志下》），《周禮》中方萬里天下與漢王朝極盛時期實際統治的範圍約略一致。

戰國末期到西漢，儒家經典等所記載的天下，從方三千里、方五千里的中國，又擴大到由中國和夷狄形成的方萬里，與西漢末年皇帝、天子透過郡國制實際統治的天下領域約略一致。在這之後，正史上記載的歷代王朝國土或許略有增減，但多半都在方萬里上下。實現方萬里天下的，就是武帝。《周禮》的天下，是一個如果沒有以武帝開創的漢帝國為前提，就無法敘述的政治空間。

武帝的財政政策

「三輔─內郡─邊郡」相互作用圈成立的要因，如同前述，來自武帝對周邊地區的軍事侵略。而與這軍事因素密不可分的，就是前面賢良文學所提及的漢代獨特財政與財政物流編制。軍事因素和財政因素伴隨著各種影響而相互作用，甚至招致帝國人口減半的混亂局面。

連年的對外征戰在西元前一二一年到前一〇五年左右達到高峰，過去豐足到不及消耗而腐爛的歷代國儲積蓄，此時也已經見底，漢朝的中央財政出現危機。武帝為了解決財政危機，任用齊的鹽商東郭咸陽和洛陽商人之子桑弘羊等為官僚，在西元前一一九年實施了鹽鐵專賣制度。除此之外還改鑄貨幣、進行各種增稅，鼓勵民眾舉報偷鑄貨幣或者逃稅者（告緡令）。由於這些專賣、增稅政策和密告制度，中產階級以上的農民、商人逐漸沒落，又因為外征和刑罰的擴大適用，導致人口減半（《漢書・昭帝紀贊》）。

武帝又於西元前一一五年開始實施均輸法，西元前一一〇年施行平準法。其背景來自下述原因。

漢代的財政物流

漢代百姓繳納收成三十分之一的田租、更賦，這些租稅合計以錢額來表示，另外還要負擔力役、兵役。從百姓身上徵收的租稅、財物，全都累積在郡國。各郡國根據登錄在戶籍上的人口數乘以六十三錢計算出的財物金額稱之為「賦」，這需要在年底上計時，連同貢物、官僚候補人、財務報告書，一起貢納給中央政府。「賦」的全國總額高達四十億錢，為中央政府財政的基本財源。

以長安為中心的首都圈三輔內，以皇帝家族、中央官僚等非生產人口為核心，共有約二百四十萬人口，糧食、衣服等生活各種需求都極度倚靠首都圈外部。另外首都圈還匯集了宮廷等將近百處各種官府和軍隊。因此需要龐大的行政經費、宮廷經費、軍事經費。為了滿足這些需求，除了每年貢納的「賦」之外，地方郡國還必須將囤積財物和鹽鐵專賣收益順利地送達中央。

而直接負擔戰爭支出的邊郡，如何確保穩定籌措到行政經費、軍事經費，則是一大考驗。邊郡逐漸擴大的行政經費、軍事經費需求，讓來自內郡的財物調度、運送呈現不穩定的狀態，導致中央首都圈的需求陷入窘境。邊郡和內郡以及中央首都圈所形成的相互作用圈產生了形變。為確保邊郡和首都圈的財物需求能穩定供給，尤其來自內郡的財物運輸改革，成為燃眉之急。

西漢時期七大交易圈

當時還有另一個與財物中央化有關的問題。《史記．貨殖列傳》中，有一段關於武帝時期經濟地理的記載。根據這段記載，全國的遠程交易中心「都會」（交易中心）共有十五處，以這些都會為核心，共有：一、關中地區；二、巴蜀地區；三、河北地區；四、河南地區；五、夏地區；六、楚地區；七、番禺地區這七大交易圈。以這十五個交易中心為核心的遠程市場交易，從戰國期以來就相當發達〔圖19〕。

從事遠程市場交易的商人們，看準了首都圈對財物的需求，從地方郡國採購必要的物資運送到中央銷售，最大的消費者中央政府各官府爭相購買，造成首都圈物價高漲的情況。換句話說，遠程市場交易與財政物流競爭，致使首都圈經濟、財政陷入混亂。地方郡國所收取、累積的租稅、專賣利益等各種財物，該如何順利運送到中央，還有如何穩定首都圈的物價，都成了當務之急。

均輸平準法

西元前一一〇年，在幾年前嘗試的均輸改革基礎下，桑弘羊正式地開始實施均輸平準制

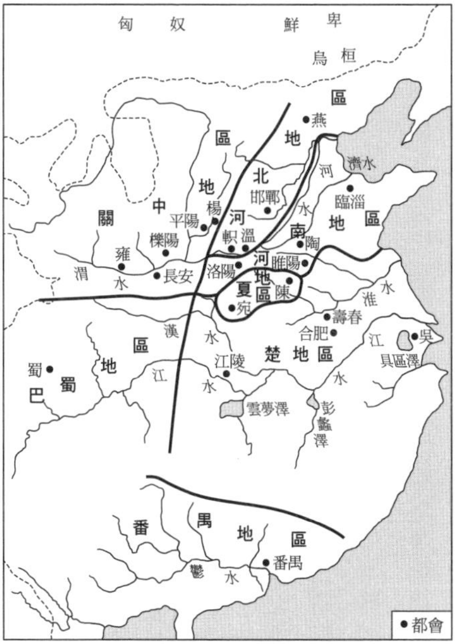

圖19　西漢七大交易圈圖

度。所謂均輸，例如在《九章算術・均輸篇》開頭的例題，是指要將一定量的財物運送到某個目的地時，將負責運送的各縣戶數與從各縣到目的地的距離依比例區分，讓每個縣的運輸穀物量、運輸車輛數依此有所差異，藉此達到公平的分配。均輸並非齊頭式均等，讓各縣運送同量的穀物、徵集同數的役卒來運輸。均的意思將在下一章中再行討論。

世界史教科書或各種概論中對均輸平準的解釋通常是：「均輸是一種物價調整法，貢納特產時將其轉賣至該物資不足的地區。平準是一種物價抑制法，在物資豐富時儲藏，當物價高漲時賣出」等等。在這些說明中均輸平準被矮化為物價問題，不僅如此，還被理解為一種由國家進行的商業行為。實際上，均輸平準是跟全國性財物運輸改革（均輸），以及中央首都圈物價調整（平準）相關的政策。何以需要這兩種改革？如果不了解其根據和原因，將無法真正充分了解改革的內容。

桑弘羊所提議的均輸平準，在基礎史料《漢書・食貨志》裡是這樣記載的：

弘羊以諸官各自市相爭，物以故騰躍，而天下賦輸或不償其僦費，乃請置大農部丞數十人，分部主郡國，各往往置均輸、鹽鐵官，令遠方各以其物如異時商賈所轉販者為賦，而相灌輸。置平準於京師，都受天下委輸。召工官治車諸器，皆仰給大農。大農諸官盡籠天下之貨物，貴則賣之，賤則買之。如此，富商大賈亡所牟大利則反本，而萬物不得騰躍。故抑天下之物，名曰「平準」。

（京師各官府各自競爭購買物資，導致物價高漲，再加上天下郡國運送來的「賦」，有時還低於其運送費用。於是桑弘羊設置數十位大農部丞，將郡國區分為數十個區域，在各區域適切設置均輸官、鹽鐵官，讓遠方各郡國以先前商人運送販賣至京師的物資作為「賦」，令其運送至中央，在京師置平準官，令其接收自天下全土運送來的物資，招聘工官製作車輛零件，由大農府負擔該費用，大農府諸官獨占天下運來的所有貨物，若物價高漲則賣出，物價貶低則購買，如此一來將可避免富商大賈謀取暴利，將利益還元給農業，萬物不再騰貴，藉此抑制天下物價，名為「平準」。）

在這裡記錄了實施均輸平準制度的直接理由及其具體對策。桑弘羊所舉出的實施理由有二：一是，中央官府各自採購行政所需的物資，因此出現競爭，官需物資出現了物價騰貴高漲的現象。這背後牽涉到以官需物資為買賣商品的遠程交易商人之商業活動。第二個理由是，從地方郡國運送、貢納到中央的「賦」這種轉換為錢的財物問題。「賦」必須以百姓的徭役勞動來運輸，但從地方運送到中央，有時候運送的費用遠比繳納的財物本身價格更高，因此如何讓運輸順暢、公平，也就是達到均輸，便成為一大問題。

為了因應這兩個問題，提出的方案也具備兩種層次。首先關於運輸問題，大農府（後改稱大司農。掌管財務的官府）先將地方郡國區分為數十個區域，在每一個區域指派一名大農部丞，並且在各區域內許多重要地點設置均輸官、鹽鐵官，令其在各部丞指揮下直接掌握租賦、鹽鐵專賣的管理和運輸，以期能順利地達到公平負擔。這是均輸法第一層次的內容。這種中央－地方郡國間垂直的物流稱之為「委輸」。

另外還有一點桑弘羊在提案中並未提到，其實均輸法不只與財物的中央化有關，如同前面引用的《鹽鐵論》中賢良文學所指出，這也適用於填補邊郡財政需要的內郡—邊郡間物流調整上。這種針對各郡進行水平物流調整的方法稱為「調均」。均輸法透過委輸和調均，就如同古時名醫扁鵲的血流治療一樣，能讓財物運輸順暢，幫助漢帝國起死回生。

第二個問題是關於從遠方郡國運送到首都的「賦」的內容。大農府將中央諸官府從商人手中透過競爭購買的物資代替「賦」，以實物來納貢，滿足各官府的需求。為此在長安設置了平準官，接收來自地方的財物、強化管理，同時讓大農轄下各官府獨占囤積這些物資，除了充分因應官府需求之外，可視物價漲跌來買賣這些囤積物資，以抑制首都長安周邊的物價高漲。這就是平準的內容。實施的結果，山東（河北、河南）內郡地區到京師一帶的穀物運送每年增加了六百萬石，一年時間就已經儲滿太倉、甘泉倉。邊郡的穀物有餘，均輸的絹帛高達五百萬匹。

漢代物資流通的核心，是牽涉到財政需求及租稅運輸的「首都圈—內郡—邊郡」間的財政物流。排除在這種財政物流中開始扮演競爭者角色的遠程交易商人，等於將中央與地方間的財政物流與七大交易圈形成的市場流通切分開來，在大農府管理下作為中央政府的事業，統一營運，這就是均輸平準制度。

均輸平準法的核心，在於將運用百姓徭役勞動來執行的財政物流與市場流通區分開來，將商人、市場流通排除在財政物流之外，避免市場流通擾亂財政。直到八世紀中葉唐代開元、天寶年間，開始在河西走廊將財政物流與商業物流連接，以及北宋時期實施「入中法」，發行通行證允許商人運送軍需物資為止，基本上都維持著這個原則。

透過儀禮達到天下整合

班固（三二—九二年）在《漢書．武帝紀》的論贊中，整理了漢武帝在位五十五年的功績。以下將一邊解說一邊再次確認其內容。首先，罷黜惠帝時期開始抬頭的諸子百家、獨尊儒術；第二是鼓勵郡國推薦孝廉賢良等優秀人才，錄用為官吏（鄉舉里選法）；第三與前者相關，是設立太學和博士弟子員，企圖透過學校管道來發掘人才；第四是以土德為王朝之德，據此重新定曆數，改正朔，從秦朝之後以十月為一年之始，改為以一月為一年之始；第五是整頓度量衡、服飾等各項制度，調諧音律、規範音樂制度；第六是將祭祀天地的郊祀制度體系化，九度封禪泰山、祭祀百神，並且找出周朝之後加以彰顯，整體來說可明顯看出漢朝為周的後繼王朝。

其中特別值得注意的是他仿效始皇帝，前後出巡郡國二十次，在所到之處設立宗廟、祭祀各地神祇，祝福武帝所打下的整體帝國版圖，宣揚其皇威武德。特別是西元前一〇六年舉行的郡國巡行，這趟南巡中武帝祭祀了盛唐山（安徽省六安縣西）、九嶷山（湖南省寧遼縣南）、天柱山（安徽省潛山縣西北）等江淮地方的名山大川，蒐集各地之「物」，也就是神祇，又繼續下長江來到琅邪，入海集氣，然後在泰山合祀，透過祭祀儀禮表明天下統一之實。

班固對武帝的評價偏向禮樂、祭祀，以及制度改革等內政，對於向外征戰形成帝國等事蹟則噤口不言。武帝紀的敘述多半為其外征，因此班固此番評價明顯帶有挖苦之意。

班固肯定的各項內政改革，過去認為是根據儒家學說，一舉達到全面性的結果。也有一說認為武帝將儒學視為國教。不過這些說法都有高估之嫌，也容易招致誤解。郊祀制度和泰山封禪儀式與其說是儒學教說，更像是巫者或方士等人或類似薩滿靈媒的祭典。武帝在西元前一一三年開始的河東汾陰后土祠之祭地郊祀、西元前一一二年開始的甘泉宮泰一壇之祭天郊祀，多半也都由巫者方士來舉行，並非基於儒學的禮樂、祭典。這些祭典或者宮廷中的歌舞的音樂，是以楚國音樂為主流的各地民間音樂，並非稱得上雅樂的產物。當時本於儒學的禮樂祭祀或者各種政治裝置，都還沒有完備。

不過武帝著手的各項改革，之後成為漢朝的前例，影響了西漢末年從儒學出發的正式制度改革，也為日後中國傳統王朝國制之基礎做好了準備。這些經過我們將在下章詳述。

古代中國的帝國——貢獻制、封建制、郡縣制的多重層次

漢朝基於何種意義，得以被稱為帝國？最後我們想試著從其歷史特質來進行確認。

首先，帝國的本質是直轄區域由「首都圈三輔—內郡—邊郡」這種「中心—周邊」結構所形成，同時對其外緣的周邊各族採取不斷進行軍事擴張的政策，擴大領土。當時的人將帝國直轄領域稱為天下，其中「首都圈三輔—

內郡」範圍則稱為中國。這裡的中國與西元前四世紀半，孟子所稱的中國範圍一致（七四頁）。這也是之後各種不同的中國概念中，一貫不變的中國核心領域。

第二，漢帝國「中心－周邊」結構生成的原因，來自內郡與邊郡之間形成了地區分工，產生政治上的相互作用圈。隨著武帝的軍事領土擴張，形成廣大的邊郡領域，邊郡的角色明確，為邊境防衛以及出擊的基地，同時其軍糧、軍需物資和戰士、兵站部門則須依賴內郡。內郡和邊郡在中央政府的財政物流指令以及軍役、徭役編組之下進行了整合，形成「首都圈三輔－內郡－邊郡」的結構。武帝時期為其巔峰，如同後述，到了王莽時期開始企圖透過經書重新定義以及古典化。

第三，在帝國版圖內，皇帝透過郡縣制實行直接統治百姓的專制管理。皇帝又分封郡縣給王國、列侯，在郡縣制統治內部建構起就形式而言於郡縣制上疊加封建制的統治結構。此外，皇帝透過每年元旦的元會儀禮，讓各郡國上獻貢物或者可成為官人的人物，建立起以郡國制為基礎的貢獻制。基於郡縣制、封建制、貢獻制等不同原理，以多層式統治從屬關係為基礎，建構起了漢帝國。

第四，與帝國版圖外的周邊各族以及外國，除了透過戰爭對外擴張將其納入帝國版圖，也以封建制和貢獻制建構起鬆緩的統治從屬關係。對周邊各族的封建制，是指給予國王、列侯、將軍等爵位或軍職，在形式上分封領地，並且有上獻貢物及協助祭祀、戰爭等義務（冊封制度）。帝國版圖外的封建制跟帝國內的封建制同樣已經形式化，但由於伴隨著身分秩序的君臣關係已經成立，比起單純的貢獻制，從屬於皇帝的程度更強。

第五，帝國統治層認為，來自帝國版圖外的單純貢獻，證明了皇帝、天子的德治所及之領域。特別是珍稀植物、動物、器物的貢獻，被視為上天讚頌皇帝之威德的吉兆。現實上來自帝國版圖外的貢獻為不定期實施，隨著帝國武力、威德的盛衰，該版圖也會任意地變化。貢獻制貫穿了帝國直轄郡國、帝國外部封建制，以及帝國外部單純貢納關係，具備普遍性的整合原理，形成帝國統治的廣大範圍。

漢帝國是在跨越了對直轄領域施行的郡縣制，對直轄王國、侯國和帝國外部周緣地區各國、各族施行的封建制，以及皇帝文德武威所及之所有範圍的貢獻制多層結構之上，重新生產出的產物。隋唐帝國基本上繼承其結構，直至明清時代。

第四章

中國的古典國制——王莽的世紀

一、宣帝中興

武帝之死與宣帝即位

武帝晚年社會衰頹至極，甚至到了人口減半的程度。自然災害也是導致這種現象的原因之一，西元前一〇七年東方內郡的流民達到兩百萬人，沒有戶籍的人有四十萬。西元前九九年，泰山郡和琅邪郡等帝國東方諸郡發生了難以數計的數千人規模大型群盜，或者數百人規模的群盜。這些盜賊襲擊郡和縣的官府，也掠奪鄉里社會。武帝派遣暴勝之、王賀等繡衣御史使者到各地，以郡兵來鎮壓群盜。經過數年，大致抓到了群盜首領，但並沒有根絕，盜賊依然持續增加。

西元前九一年七月，武帝正在長安西北方一百二十五公里的甘泉宮療養。此時有人對他進讒言，說衛太子劉據以巫蠱詛咒武帝。被逼到絕境的衛太子於是在長安叛變，與丞相劉屈氂（？—西元前九〇年）率領的軍隊作戰，導致數萬死者。衛太子逃離長安，不久後在逃亡途中自殺。太子一家除了剛出生的孫子之外，全數滅門。

武帝在西元前八七年二月罹患重病。他立年僅八歲的么兒劉弗陵為太子，任命霍光（？—西元前六八年）為大司馬大將軍，留下遺言要他輔佐年幼的太子。隔天武帝去世，太子繼位（昭帝，西元前八七—前七四年在位）。

昭帝在位期間由大司馬霍光掌握實權。他排除了桑弘羊等財務派官僚，透過減輕租稅和廢止酒的專賣制度等各項政策，試圖調整武帝時代出現的各種問題。然而改革還未成形，還沒有子嗣的昭帝便早逝。霍光在昭帝之後立了武帝之孫昌邑王劉賀為帝，但是又以荒淫無度為由，很快將其廢位。他找到悄悄養在民間的衛太子之孫劉病已，讓他即位為皇。這就是後來的宣帝（西元前七四—前四九年在位）。

宣帝中興

宣帝在西元前六八年霍光去世後，排除霍家勢力，讓實權重回皇帝手中。他在民間長大，學習詩經，熟知社會現狀跟民眾的困難。因此他起用擅長儒學和法術的人才，實施租稅、徭役的削減，讓流亡民眾返回故鄉，安穩定居。這些符合現實問題的寬容政策，讓社會漸漸恢復安定。對外政策方面，他趁匈奴內亂出手干涉，支持呼韓邪單于，要他來長安朝見，西元前五一年正月，他成功地讓匈奴對漢朝貢，穩定漢與匈奴的關係。

宣帝以內政外政的安定為基礎，企圖證明自己權力的正統性。他尊開國皇帝劉邦為高祖，在呂氏亂政後即位的文帝為太宗，在宗廟祭祀的排序中將武帝定位為世宗。如同高祖、太宗設置了郡國廟，宣帝也在武帝出巡過的四十九郡國建造了武帝廟加以祭祀。透過祭祀「高祖—太宗—世宗」，宣帝希望闡釋自己繼承自曾祖父武帝、祖父衛太子之權力正統性。班固在《漢書・宣帝本紀》的論贊中，將其譽為「中興」。

漢家故事與經學

漢自開國以來，基本上都因襲秦的官制、法制、祭禮來建立國家制度。過程中，從武帝到昭帝時期的律令和祭儀相關事宜，累積了許多所謂「漢家故事」的先例、舊例。這些內容遍及朝政、裁判、祭祀、儀禮、車服制度等所有國家制度。宣帝期的丞相魏相（？—西元前五九年）編纂了自漢初以來的故事，根據這些編纂故事來執行政務。宣帝特別遵守「武帝故事」，依照武帝所建立的國制來推動各項制度。

從昭帝到宣帝時期，太學的博士弟子員員額增加，同時郡國舉薦、貢獻孝廉賢良等人才的察舉制度（鄉舉里選）也逐漸擴大、落實。具有儒學素養的官吏輩出，成為官僚制度的基礎。另外也開始進行《孝經》、《禮記》、《大戴禮記》等經書和禮學書的整理、編纂，並且出現例如《春秋穀梁傳》這種經書注釋書，針對複雜經書的文本及其解釋，衍生出許多不同學派。

呼韓邪單于朝貢的西元前五一年三月，宣帝在正殿未央宮之北的石渠閣，聚集了博士等儒家，讓他們討論經書文本和解釋的異同。參加者光是已知其名者就有二十三人，提出的議奏共有一百六十五篇。由太子太傅蕭望之（西元前一〇六—前四七年）等人來評論這些議奏，最後由宣帝親自裁決。在儒學興盛的趨勢中，他除了廟祭之外，也繼承了始於武帝的郊祀祭儀、地方巡守、山川祭祀，導入儒家祭禮，建立起國家祭禮所需的基礎。

宣帝雖並用儒學，但國政重心依然在繼承自秦制的法術、刑罰。西元前六九年一樁死罪案件，據說牽連到四萬七千多人（《風俗通義．正失篇》）。太子劉奭（後來的元帝）曾經不經意地向父親宣帝建議：「陛下運用刑罰過於嚴峻，應該多用儒生。」宣帝正色責罵道：「漢家自有制度，原本就是交替運用王霸兩道，並非專行仁政、僅僅效法周朝。……」（《漢書．元帝紀序》）宣帝中興就是推動法制與禮樂，也就是混合了霸道與王道的國制。法制與禮樂的並用，同時互補的機制，透過這之後約一世紀的時間，成為傳統中國的國制基本原則。

二、王莽的世紀

古典國制的形成

喜好儒學的元帝（西元前四九—前三三年在位）即位後，採取了與宣帝完全不同的方針，轉為運用德教、周政，也就是重點式運用儒學的方向。

元帝即位後不久，西元前四六年時齊詩學派的翼奉上疏，建議遷都到洛陽，根據畿內制度等儒家禮制來改革國制。翼奉上疏之後，陸續開始依照《禮記．王制篇》和《周禮》等儒家古制檢視「漢家故事」，一邊批判一邊建立起各項新制度。這些國制改革在王莽（西元前四五－西元二三年）掌握實權的平帝元始年間（西元一－五年）來到巔峰，王莽的新朝滅亡後，東漢光武帝再次施行，在第二代明帝永平三年（西元六〇年）終於完成。

其內容如同〔表2〕「西漢末期、王莽時期國制改革一覽」，以及〔表6〕「東漢初期國制重新定位一覽」（一七四頁）所示，是以「宰相三公－尚書」體制，都城、畿內制度及地方十二州（牧、刺史）制度，還有以郊祀祭儀為中心的宗廟制、明堂、辟雍禮等各項祭祀、儀禮還有車服制度等，涵括了行政機構和祭儀禮樂制度的系統性國制改革。值得注意的是，將過去散在各地的宗廟、郊祀壇聚集到宮殿內部和首都長安外圍，以都城為中心，在一年的周期內舉行各種禮制、祭禮。禮樂祭祀制度也跟行政制度一樣，成為以都城為中心的集權編制。

西元前四六年到西元六〇年，王莽主導這將近一世紀的國制改革，之後的魏晉也承襲了這樣的國制。歷代王朝不斷回顧確認，參照這種政治社會，

表 2　西漢末期、王莽時期國制改革一覽

事項	提案者	提案年分	重啟、確定年分
① 洛陽遷都	翼奉	初元 3 年（西元前 46 年）	光武、建武元年（西元 25 年）
② 畿內制度	翼奉	初元 3 年（西元前 46 年）	王莽、始建國 4 年（西元 12 年）
③ 設置三公	何武	綏和元年（西元前 8 年）	哀帝、元壽 2 年（西元前 1 年）
④ 十二州牧	何武	綏和元年（西元前 8 年）	光武、建武 18 年（西元 42 年）
⑤ 南北郊祀	匡衡	建始元年（西元前 32 年）	平帝、元始 5 年（西元 5 年）
⑥ 迎氣（五郊）	王莽	元始 5 年（西元 5 年）	平帝、元始 5 年（西元 5 年）
⑦ 七廟合祀	貢禹	永光 4 年（西元前 40 年）	平帝、元始 5 年（西元 5 年）
⑧ 官稷（社稷）	王莽	元始 3 年（西元 3 年）	平帝、元始 3 年（西元 3 年）
⑨ 辟雍（明堂、靈台）	劉向	綏和元年（西元前 8 年）	平帝、元始 4 年（西元 4 年）
⑩ 學官	王莽	元始 3 年（西元 3 年）	平帝、元始 3 年（西元 3 年）
⑪ 二王後	匡衡、梅福	成帝時期	成帝、綏和元年（西元前 8 年）
⑫ 孔子子孫			平帝、元始元年（西元 1 年）
⑬ 樂制改革	平當	成帝時期	明帝、永平 3 年（西元 60）
⑭ 天下之號	王莽		王莽、居攝 3 年（西元 8 年）
⑮ 九錫、禪讓		元始 5 年（西元 5 年）	平帝、元始 5 年（西元 5 年）

例如後世的「漢魏故事」、「漢魏舊制」中所提及的北魏孝文帝「漢化政策」和隋初文帝各項改革，就是其中的典型。我將此稱之為中國的古典國制。

天下觀念與生民論

王莽世紀出現的古典國制，是以天下觀念為本所推展，將生民論和承天論視為基礎世界觀、政治秩序原理的國制。就如同現在日本憲法以國民主權、基本人權、和平主義為基礎，發展出國家的型態，傳統中國的國家型態則是以生民論和承天論為根本。

生民論是透過天子＝官僚制統治來建立生民、百姓之秩序的論點。這種想法在西漢元帝、成帝劉鰲（西元前三三－前七年在位）兩代的治世期間逐漸顯化。西元前一二年，谷永向成帝提出的上疏裡就相當簡潔地表述了這種觀點：

> 臣聞天生蒸民，不能相治，為立王者以統理之，方制海內非為天子，列土封疆非為諸侯，皆以為民也。垂三統，列三正，去無道，開有德，不私一姓，明天下乃

天下之天下，非一人之天下也。

（臣聽說，上天生下民眾，但民眾無法自行管理。因此上天立了王者來統治民眾。統治海內（天下）並非為了天子，設地分封並非為了諸侯。一切都是為了民眾。設置人統、地統、天統循環的曆法，讓對應曆法的夏殷周三朝交替，排除無道的天子，委由有德天子統治，天下並非一姓的私有物，因為天下是天下之天下，並不是單一個人的天下。）（《漢書．谷永傳》）

排除無道天子，委由有德天子統治，讓王朝交替，是因為「天下乃天下之天下，非一人之天下」，這樣的說明就好比「我就是我」，主語、修飾語和述語完全一樣，等於什麼都沒有說明。但是在這裡以肯定性重複三次天下、超越邏輯的方式進行說明，具備高於雙重否定的效果，以天的絕對性和天下超越王朝的普遍性為前提，藉此解釋天子、皇帝權力的正當性。

另外，在這裡也敘述了天生蒸民（生民）缺乏自治能力，因此天委任天子統治，以及天子的統治領域天下都具備絕對的公共性。來自上天的權力委任，以及無條件否定民眾的自治能力，是一種將天子＝皇帝之專制統治正當化的政治意識形態。

這種陳述在西漢末年到東漢年間，透過皇帝自己以及官僚們不斷提及而漸漸深植人心，到了唐代更是散見於史冊中，成為說明皇帝、天子統治天下、生民之正當性的理論。

承天世界觀

生民論的前提是「承天」的世界觀。意指受天命的天子、皇帝以北極星、太極為中心，將規律運作的上天秩序套用在自己身上，透過以宗廟、郊祀祭禮體系為核心的禮樂制度，和以三公九卿為中心的官僚制，在地上實現天下秩序。例如成帝在即位時，丞相匡衡、御史大夫張譚針對郊祀改革的必要性闡述如下：

帝王之事莫大乎承天之序，承天之序莫重於郊祀，故聖王盡心極慮以建其制。

（對帝王政治而言，再也沒有比承繼天的秩序更重要的事，要承繼天的秩

序，最重要的則是郊祀。因此聖王無不費心建構起這種制度。）（《漢書．郊祀志下》）

另外在西元前二〇年二月的詔敕中，成帝自己對宗廟祭祀也表達了同樣的想法：

朕承天地，獲保宗廟，明有所蔽，德不能綏，刑罰不中，眾冤失職，趨闕告訴者不絕。是以陰陽錯謬，寒暑失序，日月不光，百姓蒙辜，朕甚閔焉。（朕繼承天地之秩序，以皇帝的身分維持宗廟，為人不夠聰明，也缺乏確保民眾平安的德行。刑罰失當，民眾含冤失其常業，不斷來到朝廷抗訴。因此陰陽不調和、寒暑時序紊亂，不見日月光芒，百姓蒙受其災，朕甚為不安。）（《漢書．成帝紀》）

在這裡可以看出承天——承接天的意旨、秩序，加以實現，以及維持宗廟祭祀，為治理百姓關鍵的想法。漢代皇帝與後世皇帝不同，會自行書寫詔敕。將天的秩序等同於自己，主動表明政治上無法讓民眾生活安定的無能，這樣的成帝其實還挺誠實的。

皇帝基於承天思想，把天的秩序套用在自己身上，擁護郊祀、宗廟祭祀，同時透過官僚制、諸侯進行政治治理，這樣的言論也並非成帝僅有。在西漢武帝時期以後，主張天地自然與人類社會彼此密切相關之「天人相關說」的董仲舒等人，就已經開始提及承天思想，元帝、成帝時期也有許多官僚紛紛開始講述。

之後直到清朝，各王朝根據生民論、承天論，舉行郊祀、宗廟等禮制、祭典，不斷企圖驗證受天委任治理天下、生民之正當性。這種世界觀和政治意識形態，成為東漢洛陽城以後宮城、都城建設的設計構想，現在北京的故宮以及設置於周圍的天壇、地壇等祭壇，依然可一窺樣貌。

皇帝將生民論和承天論視為統一的秩序原理、世界觀，治理「天下乃天下之天下」這種絕對公共空間「天下」以及生民。具體體現在以元始年間成立的郊祀、宗廟祭儀為核心的十五項改制中。

民眾的世界觀

成帝在位期間的二十多年，天文異象和災害頻傳，甚至比《春秋》中記載的二百四十二年間災異之數還要多。另外成帝無子嗣，嫡系斷絕。旁系元帝之孫、定陶王劉欣（哀帝，西元前七—前一年在位）即位為帝。哀帝一樣沒有子嗣，且短命去世，又找來旁系元帝之孫、中山王劉衎繼位（平帝，西元前一—西元五年在位）。宣帝中興後雖然國勢昌隆，但因為災異頻傳再加上皇位的繼承不穩定，社會上瀰漫著不安的氣息，開始摸索解方。

圖 20　西王母圖

西王母坐在龍虎座上。前有蟾蜍，左有九尾狐、拿著仙藥的白兔子，右是手持武器的大行伯，還有侍從三足烏。

哀帝治下的西元前三年春天，發生嚴重乾旱。從正月到三月，東方內郡民眾騷動不止。他們吶喊著「縱目人來了！」爭相走告西王母到來，以一群數千人的規模，披頭散髮赤腳行進，驅車或騎馬奔馳。民眾從東往西經過二十六郡國，之後前往長安。這年夏天，郡國民眾跟長安民眾會合後，在街上設置模仿天地宇宙的賭具（雙六盤），載歌載舞祭祀住在崑崙山的西王母（圖20）。崑崙山位於中國的西方，為世界的中心。告知西王母到來的詔書中寫道：「母告百姓，佩此書者不死。不信我言，視門樞下，當有白髮。」（西王母告訴百姓，要將此書佩戴在身上，若不相信此詔書者，看看門樞之下，一定會看見白髮。）祈求生活安定和長生不老的西王母運動，到了秋天收成時期終於平息，騷動告一段落。皇帝相信的生民、承天論，跟民眾期待的西王母世界觀，幾乎沒有交集。

王莽出現

元帝的皇后王政君（西元前七一—西元一三年）是成帝的親生母親。祖父王賀原是東平陵（山東省歷城縣東）人，武帝時代成為繡衣御史。他曾經取締魏郡的群盜，但卻不會隨意誅殺盜賊。因此他以無法接受武帝委任為由而免官。之後他躲避仇敵，遷居魏郡元城縣（河北省大名縣東）委粟里。成為當地鄉三老，深受魏郡人民的景仰。他的兒子王禁年紀輕輕便遊學長安，學習法律，成為廷尉史（管理檢察、法官的官府基層書記官）。王禁育有四女八男。他的次男便是王莽的父親王曼，次女則是後來成為元帝皇后的王政君。

成為外戚的王氏家族，在成帝時期共有五位大司馬跟九位列侯，掌握了政治實權。不過父親早逝的王莽，卻被排除在外。他潔身自好，勉於學習禮經，與出色人物交遊，以禮侍奉叔伯。王氏可以說是法吏一門。但王莽卻轉而鑽研禮樂、投入儒家。王莽在伯父大司馬王鳳（？—西元前二二年）的推薦下，任黃門郎，西元前一六年五月受封為新都侯。「新朝」之名便取自於此。

西元前八年，王莽繼四位叔伯之後，官拜大司馬，開始輔政。但隔年成帝去世、哀帝即位，他辭官回到封地南陽郡新野縣都鄉。哀帝短暫的治世期間，王家略感鬱塞不得伸，哀帝早逝後，王莽的姑母皇太后立刻任命王莽為大司馬、領尚書事，迎接中山王劉衎繼任為帝。當時平帝九歲，故由太皇太后臨朝聽政，政務掌握在大司馬王莽手中。

如同前述，王莽以平帝在位期間的元始年間為中心，開始正式推動始於元帝時期的儒家禮制祭祀、禮制改革，大致完成以皇帝、天子為頂點的國家制度。具備儒家素養的許多列侯、官僚都支持王莽，西元五年五月，在高級官僚、列侯等九百零二人的提案之下，王莽被授與宰衡官職以及九種象徵威信的物件（九錫）。王莽爬升到人臣前所未有的最高地位。

同年十二月，平帝驟逝，王莽挑選旁系的三歲劉嬰即位，自己就任「攝皇帝」（假皇帝）。之後他讓劉嬰移交權力，西元八年，即位為真天子。內容稍長，以下請參照部分省略之詔敕：

> 予以不德，託於皇初祖考黃帝之後，皇始祖考虞帝之苗裔，而太皇太后之末屬。皇天上帝……神明詔告，屬予以天下兆民。赤帝漢氏高皇帝之靈，承天命，傳國金策之書，予甚祇畏，敢不欽受。
>
> 以戊辰直定，御王冠，即真天子位，定有天下之號曰「新」。其改正朔，易服色，變犧牲，殊徽幟，異器制。以十二月朔癸酉為建國元年正月之朔，以雞鳴為時。服色配德上黃，犧牲應正用白，使節之旄幡皆純黃，其署曰「新使五威節」，以承皇天上帝威命也。

（我乃不德之身，但亦為黃帝子孫、虞帝（舜）後裔，又是太皇太后一族。皇天上帝（天），……神明昭告，要將天下民眾委交於我。託赤帝漢朝高皇帝的神靈，秉承上天之命，禪讓皇位的金策書，我十分敬畏，只能恭敬接受。

在此戊辰吉日，我戴上皇冠，登上真天子寶座，定國號為新。改變車馬服飾的顏色，以及祭祀犧牲和旗幟，還有儀禮用器物的顏色。〔採用白統之曆〕把今年十二月初一癸酉日作為建國元年正月初一，以雞鳴之時作為一天的開始。車馬服飾顏色因從土德所以崇尚黃色，祭祀用的牲畜因白統使用白色，使節旗幟採用純黃，上面寫著「新使五威節」，以顯示秉承皇天上帝的威嚴。）（《漢書・王莽傳上》）

這段文字記載了受天委任天下以及民眾的治理，還有獲得漢高祖禪國。王莽宣稱他統治天下，民眾的正當性來自於天、天命，同時其正統性獲得漢朝開國者的權力移轉，並且訂定「新」為其統治天下的王朝稱號。這是中國史上第一次宣稱領有天下的王朝稱號。之後宋朝、明朝開國之際，在正史中也記載了相同的文句，以領有天下的稱號作為其王朝的名稱（《宋史．太祖本紀》、《明史．太祖本紀二》）。在這裡所記載的：一、天命移轉（革命）；二、天子即位；三、制定國號；四、改元；五、改曆法服色，被稱為禪讓，是一種和平進行權力轉移的形式。漢魏革命也沿襲了王莽這種禪讓型式，後來被稱為「漢魏故事」，為歷代王朝開國之模範。

三、催生出王莽的社會

「均田制」的發現與瓦解

王莽的國制改革誕生於什麼樣的社會當中？

西元前三年三月，西王母運動正朝向長安推進，此時長安的哀帝將寵愛的侍中董賢（西元前二二—前一年）等三人封為列侯，不僅如此，還賜給董賢兩千多頃的廣大田地。一頃＝百畝為小農民的標準所有田地，可見得這個數字有多麼龐大。都城長安的面積也只有九百七十三頃。這是為了獎賞去年董賢告發東平王劉雲和王后謁夫妻詛咒哀帝、企圖謀反。這個事件其實是皇帝為了封賞董賢等人，故意設計的冤案。

丞相王嘉（？—前二年）對這異常的寵愛不以為然，於是上奏進諫，請哀帝節制寵愛，好保全董賢的生命。其中關於賞賜兩千頃田地一事，王嘉抗議「均田之制從此墮壞」（《漢書．王嘉傳》）。「均田制」在西漢末年就墮壞，這是怎麼回事？

「均田制」創始於五世紀末的北魏，持續到八世紀中葉的唐代中期，是對庶民百姓授與百畝＝一頃田地的制度。上述關於「均田制」的敘述始於北宋以後史家，在任何一本歷史教科書中都會看到，直到現在大家對這樣的記載也都沒有疑義。但是根據《漢書》記載，「均田制」卻在西元前三年就墮壞，這實在是太奇怪了。不過丞相王嘉這番抗議無庸置疑。應該懷疑的反而是北宋以後的歷史記載。

根據個人管見，一開始記載「均田制」的是北宋的司馬光（一〇一九—一〇八六年）。司馬光在《資治通鑑》唐武德七年（六二四年）四月的條目中，武德七年頒新律令下標記「初定均田租、庸、調法」，並於下文記載暗示丁男、中男一頃給田和租庸調收取的規定似乎為密不可分的制度。「均田租庸調法」是司馬光自創的名詞，並非取自史料裡的詞彙。

唐代所編纂的史料中，也沒有將唐代丁男給田制記載為「均田制」。例如將律令格式條文重新編輯，由八世紀中期的唐人親自描寫國家制度的《大唐六典》三十卷中，完全沒有「均田制」這幾個字，而是給予庶民百姓田地一事統稱為「給田之制」，並且有具體描述。另外，根據新發現的北宋天聖令所復原的唐開元二十五年令田令、賦役令就更不用說了，天聖令裡所記載的唐令，並沒有均田二字。基本上繼承了唐令的日本令中，一樣看不到均田等文字，而稱之為班田、給田。那麼王嘉所謂的「均田之制」，指的是什麼呢？

何謂「均田之制」

三國時代的孟康解釋《漢書．王嘉傳》裡的「均田之制」，「從公卿以下一直到吏民，可持有稱之為均田、以頃為單位的田地，在各品制（階層）中平均分配。賜給董賢兩千多頃，破壞了這種等級制（自公卿以下，至於吏民，名曰均田，皆有頃數，於品制中令均等。今賜賢二千余頃，則壞其等制也）」。均田是指從高級官僚到下層吏員、庶民，階層式的土地持有制度，各根據其品制＝身分階層，規定了土地持有面積。

由王嘉指出，再由孟康解說的「均田之制」，其實體在漢初已經存在。那是在新發現的《二年律令》（呂公二年，西元前一九三年）中規定的爵制土地所有制度，根據二十等爵制的等差，來決定給田額的田制（表3）。給田的基礎是庶民無爵位者有一頃（分田），隨著爵位的上升，持有田地也越大。給田只會在製作戶籍時實施一次。土地可以買賣，但土地賣出後不會再補滿。這種爵制土地所有的淵源來自商鞅第一次變法的爵制秩序形成，還有第二次變法的阡陌制。

漢初的「均田制」（爵制土地所有），是一種以庶民無爵位者持有一頃（分田）為基礎，關內侯九十五頃為最大極限的給田制。雖說董賢有列侯（徹侯）爵位，但是給他兩千頃田地，任誰都會慨嘆「均田制」的崩壞。

戰國末期漢代農村社會

除了爵制土地所有的規定之外，因為給田後的土地允許買賣，因此戰國

表 3　中國古代依照身分的土地持有制度

漢、二年律令		西晉占田制、采田制			南齊占山制		開元二十五年令田令		
爵號	受田	官品	占田	采田	官品	占山	爵	職事官	永業田
⑳ 徹侯	—	一品	50	10	一品	3	親王		100
⑲ 關內侯	95	二品	45	8	二品			正一品	60
⑱ 大庶長	90	三品	40	6	三品	2.5	郡王	從一品	50
⑰ 駟車庶長	88	四品	35	—	四品		國公	正二品	40
⑯ 大上造	86	五品	30	—	五品	2	郡公	從二品	35
⑮ 小上造	84	六品	25	—	六品				30
⑭ 右更	82	七品	20	—	七品	1.5	縣公	正三品	25
⑬ 中更	80	八品	15	—	八品			從三品	20
⑫ 左更	78	九品	10	—	九品	1			15
⑪ 右庶長	76						縣侯	正四品	14
⑩ 左庶長	74						縣伯	從四品	11
⑨ 五大夫	25								10
⑧ 公乘	20						縣子	正五品	8
⑦ 公大夫	9								7
⑥ 官大夫	7								6
⑤ 大夫	5						縣男	從五品	5
④ 不更	4								4
③ 簪裊	3							六品、七品	2.5
② 上造	2							八品、九品	2
① 公士	1.5								0.8
									0.6
士伍 公卒 庶人	1頃	庶人	1頃 （男子 0.7） （女子 0.3）		百姓	1頃	丁男	口分田 0.8	0.2
司寇 隱官	0.5						雜戶 官戶	0.8 0.4	0.2 —

末期漢初的社會裡，農民的階層分化進展得很明顯。當時的人用大家、中家或中產、貧家等三種階層來表示。這種階層是用包含了田地在內的家產金額來區分。標準為家產十金（一萬錢）是中家、中產的指標。大致說來，中家的家產評估額約為五至十五金左右，持有耕地一至數頃，也有人還有一兩名奴隸。由數十家組成的里之半數左右，都是這類中家。貧家有家產數金、持有十至數十畝田地，占里的半數甚至大半。大家、富豪層為少數人，只有在數里形成的鄉或者是縣才會存在大家。他們持有數頃至數百頃土地，其中也有人有數十名到數百名家奴、勞工。

武帝時期受到頻繁對外征戰以及財政政策的影響，使得中產階層沒落，土地買賣開始活絡。西漢末年的成帝時期，國王、列侯和高級官僚、富豪層搜刮土地的情形日益嚴重，跟貧家階層之間出現了很大的鴻溝。哀帝即位的西元前七年，開始討論限制官人、富豪所有土地最多三十頃的「限田策」。但是受到哀帝外戚和董賢等人的反對，最後無疾而終。爵制土地所有的階層秩序，開始出現嚴重的瓦解現象。

西漢末年以商鞅阡陌制為基礎的爵制土地所有瀕臨危機，因為哀帝賜給董賢超乎想像的廣大田地，王嘉這才發現這就是「均田之制」的瓦解。在這裡我們想重新探討王嘉所謂「均田」中均的意義。

民眾的平均秩序——任安與陳平

等差之均是「均田之制」的根柢，有「平均、均平、均、平」等表述方法。平均同時也代表「雨水會公平打在每個人身上」這種齊頭式的均等。一般在使用上多半是這種意義。但是稍加觀察後不難發現，與齊頭平等意義正好相反的等差、區別、次序，往往包含著均平的意思。以這種等差為基礎的均平，在階層分化和社會流動性高的西漢，是維持農村社會的一種實踐性思維。以下介紹兩個典型的例子。

首先是武帝時期任安的例子。《史記・田叔列傳》的最後，有一段宣帝時期由褚少孫所增補關於任安的敘述。以下略述其意。

「任安是滎陽縣人（河南省滎陽縣北）。自幼喪父，生活貧困，受雇幫別人牽車，來到長安，就這樣留了下來，想做個小吏，但苦無機會，於是他到武功縣（陝西省郿縣東）去申請登錄戶籍。武功縣是位於扶風郡西邊的小縣，山谷口有通往蜀地的棧道，緊貼著山壁。任安認為武功是個小縣，沒有豪門大族，他在這裡比較容易受到重用。於是他留下來，替別人做負責警察、交通管理的亭父，後來做到亭長。縣裡的百姓都出城打獵，任安經常幫人們分配麋鹿、野雞、野兔等獵物，也合理地安排老人、孩子和壯丁依難易度各自負擔工作，大家都很高興地說：『任少卿不會讓人吃虧，他很擅長公平分配，有智謀。』……」

這段敘述中描寫了一個孤獨貧困的流浪者如何在首都圈西邊小縣登錄戶籍，一路從亭夫、亭長，到後來成為鄉三老、縣長的經過。其背景是戰國西漢時期貧富差距大、社會流動性高的社會結構。給任安帶來升遷機會的，是他區分等差、公平分配獵物，並且依照年齡階層來區分難易度，安置人員。人們讚頌他「分別平，有智略」，這裡的平是指包含差等、區分、次序的均平。西漢武帝時期，一般民眾也已經有等差平均的概念。

說到任安，他後來升為北軍使者（禁軍司令官），也參與衛太子的反叛。太子落敗後他被捕，最後死於獄中。

另外再看看西漢初期宰相陳平（？—西元前一七八年）的例子。《史記・

陳丞相世家》中有如下的記載：「丞相陳平是陽武縣戶牖鄉人（河南省開封縣東北）。他少時家貧，好讀書，家有三十畝田地，跟兄長伯父一起生活。……陳平成人之後到了可娶妻的年紀，有錢人不想把女兒嫁給他，陳平也不想娶貧窮人家的女兒。過了一陣子，戶牖鄉有個名叫張負的有錢人，他的孫女出嫁五次，每次丈夫都驟逝，再也沒有人敢娶她。陳平想要娶她。……陳平娶了張家女兒後越來越有錢，交遊也漸漸廣闊。在戶牖鄉庫上里的里社祭典上，陳平擔任『宰』（分配宴席菜餚），他分配肉類和食物極『均』。里中父老都稱讚，陳平這年輕人擔任宰相當稱職。陳平表示，啊，要是我有機會來裁決天下，一定也能像分配此肉一般哪。」（意譯）

這是發生在統一秦朝的事。當時的鄉里社會已經有懸殊的貧富差距，陳平原本是跟兄長一起耕作三十畝田地維生的貧農。因為跟富家結親而地位攀升的陳平，忠實呈現了戰國西漢時期社會的流動性之高。陳平在里社祭祀時的安排，並不是齊頭平等地分配祭肉、食物，他一樣斟酌了貧富、貴賤、長幼之序力求「均等」，也就是依照等差來公平分配。要逐一均等地分配，小孩子也辦得到，鄉中父老也不至於感嘆。

等差之均是鄉里社會的狩獵、祭祀，也就是經濟和禮制等層面的分配原則，進一步推展，這也就是財政物流上的均輸、調均等國家財務營運及王朝儀禮的實踐原則，誠如陳平的感嘆，推到極致就是治理天下的「天下均平」理念。在貧富差距確實存在，且社會流動性高的漢代社會結構中，均、均平可說是為了設置制度形成差等、次序的制約，形成均衡協調之平均秩序的基本原則。「均田之制」便是以這種社會為基礎而發想的制度。

只要社會中存在這種均平秩序意識，那麼就會有人不斷企圖重建「均田之制」。在之後的歷史發展中，我們將可看到其演變。

四、東漢的古典國制

王莽新朝的國制

即位後的王莽以《禮記・王制篇》和《周禮》等等儒家經典為根據，陸續實行各項改革，然而不符合現實的貨幣改鑄和專賣制等經濟政策，反而帶

表 4　王莽新朝的地方制度

相當於漢代官職	新代官職名	數	負責官爵位	備註
州刺史	州牧	9	公	天下九州
郡太守	卒正 連率 大尹	125	侯 伯 無爵位者	天下 125 郡
郡都尉	屬令 屬長	125	子男	
—	部監	25	上大夫	1 部監 5 郡
縣令、縣長	縣宰	2203		天下 2203 縣

來了社會的混亂。不過儘管伴隨著混亂，他也打造出一些成為後世國制基礎的制度，那就是畿內制度和州牧制度。

王莽在西元一四年根據《周官》（周禮）、《禮記・王制篇》以及《尚書・禹貢篇》等經書，重新定義了自西漢以來的地方制度。王莽首先根據《尚書・禹貢篇》中的九州，將天下所有國土分割為九州，在各州設置州牧為長官。另外他又將天下分為一百二十五郡，在各郡設置卒正、連率、大尹等相當於漢朝太守的長官，還有屬令、屬長等相當於都尉的武官。在郡與州之間，他設置了名為部監的二十五名監察官，每一部監負責監察五郡。郡下設置了全國共二千二百零三縣，以縣宰為長官。州牧以下到屬長的官職，除了大尹之外，皆任

表 5　王莽新朝的畿內制度

都邑名	近郊	內郡（郡名）		五部制	備註
常安西都（長安）	六鄉（鄉帥） 各鄉 10 縣 60 縣	六尉郡 大夫（太守） 屬正（都尉）	京尉、扶尉 翼尉、光尉 師尉、列尉	右部 5 郡 左部 5 郡 中部 5 郡 前部 5 郡 後部 5 郡	畿內 1 州 25 郡
義陽東都（洛陽）	六州（州長） 各州 5 縣 30 縣	六隊郡 大夫（太守） 屬正（都尉）	兆隊、右隊 左隊、前隊 祈隊、後隊		

命有五等爵的官人，為世襲官職。這是一種在郡縣制中融合了世襲封建制的新制度（表4「王莽新朝的地方制度」）。

王莽又在九州的中心規畫了「邦畿」這種畿內制度。在九州的中央一州設置西都常安（長安）和東都義陽（洛陽），採用兩都制，兩都周邊設置六尉郡（將西漢的三輔分割為六郡）、六隊郡（西漢的河東、河內、弘農、滎陽、潁川、南陽郡），稱為「邦畿」，又在其周圍配置十三郡，編組共二十五郡所形成的特別行政區。中央一州二十五郡又另外編成中部、左部、右部、前部、後部等五部制。王莽將此特別行政區定位為相當於《禮記‧王制篇》的「天子之縣」、《周禮》的「王畿」領域，也就是畿內（表5「王莽新朝的畿內制度」）。莽新的畿內制度是現實中統一國家體制所出現最早的制度化，也是後世畿內制度的原型。特別是成為了隋唐兩王朝兩畿制依循的古典制度。

王莽透過郡縣制和封建制兩者的結合，根據經書來重新定義國制。他的地方制度是西漢政治秩序的延伸，並且以經書之名將之貫徹。首先說到天下九州內部的郡縣制，也就是一百二十五郡、二千二百零三縣，王莽將中央一州（畿內）的二十五郡定位為內郡，規定在其外側的各郡是近郡，位在近郡之外、有城塞的各郡稱為邊郡。這是重新定義了西漢由「首都圈三輔—內郡—邊郡」形成的「中心—周邊」結構。

但是這種重新定義又硬套上新朝的聖數五，將天下重新編整為一百二十五郡，依照《周禮》將兩畿定為西都六鄉六十縣、東都六州三十縣，把西漢約一千五百縣細分為二千二百零三縣，同時郡縣都改變名稱，可以說是忽視現狀的改制。因此與其他各項制度結合之下產生了許多混亂。這些混亂總有一天必須重新調整。這些調整要等到東漢對古典國制重新定位時，才終於完成。

東漢的成立

王莽末年，帝國東方和南方長江的中游流域發生嚴重饑饉，西元一七年秋天，各地群盜蜂起。對王莽施政忍無可忍的人，打著復興漢朝的旗號在各地發起叛亂，帝室劉氏一族也加入許多叛亂行動中。

南方群盜有從綠林集團發展出的下江兵、新市兵、平林兵等各種集團，宗室劉玄（？—二五年）便從平林兵中崛起。二三年二月，劉玄在群眾擁戴下登上帝位。他改元為更始，設百官列侯，定都於宛城（河南省南陽縣）。這一年九月，王莽在長安被以民眾為主體的反叛軍所殺，新朝滅亡。十月，更始軍以洛陽為都，二四年二月，兵入長安，平定三輔。但是還沒能建立起充分的體制。

帝國東方有赤眉、青犢、銅馬等群盜作亂。赤眉軍為了怕被誤認為同樣舉黃旗的王莽軍，於是將眉間染成紅色，表明擁漢之心。赤眉軍企圖跟更始軍合流，但未能如願，二四年冬，轉而往長安遠征。連戰連勝之下，聚集了越來越多人，赤眉軍總共有三十營三十萬人。二五年六月，赤眉以抽籤方式選出軍中的漢宗室劉盆子，即位為皇，同年九月入長安城。當時除了長安附近的更始軍，各地也都紛紛擁立皇帝。

高祖的九世孫劉秀，起初加入了更始軍的叛亂，最後還是分道揚鑣。他一方面平定了銅馬軍等河北各股勢力，同時在二五年六月以洛陽為都，自行登基，改元建武。之後一直到二九年，陸續平定長安的赤眉、更始軍等各地混亂，實質上統一了天下。

古典國制的重新定位

光武帝劉秀（二五—五七年在位）即位後，一邊發動統一戰爭，同時也再次依序推動王莽西漢末年推行的國制改革。到了下一任明帝劉莊（五七—七五年在位）初年，六〇年，終於完成了新制度〔表6〕。從元帝時期到明帝時期初年，將近百年期間完成的儒家祭祀、禮樂制度、官僚制度骨幹，與象徵領有天下的王朝名稱，同樣被後世繼承，延續到清朝。之後的各王朝多半以漢為模範。這時所指的漢並非西漢，而是東漢的國制，也就是事實上由王莽所建立起的制度。三國的魏承襲了這些體制，因此之後將其稱為「漢魏故事」、「漢魏之法」、「漢魏之舊」，在東晉南朝又稱「漢晉之舊」、「魏晉故事」等。

漢代的令、律、禮樂是在「漢家故事」的廣大基礎上，以儒家經典驗

表 6　東漢初期國制重新定位一覽

事項	重新定位年次	備註
① 洛陽遷都	建武元年（25 年）10 月	
② 畿內制度	東漢初年	設置司隸校尉部
③ 設置三公	建武元年（25 年）7 月	
④ 十二州牧	東漢初年	建武 18 年（42 年）改制為州刺史
⑤ 南北郊祀	建武 2 年（26 年）南郊	中元 2 年（57 年）北郊
⑥ 迎氣（五郊）	永平 2 年（59 年）	
⑦ 七廟合祀	建武 26 年（50 年）禘祫祭祀	建武 2 年（26 年）正月昭穆定位
⑧ 官稷（社稷）	建武 2 年（26 年）社稷	
⑨ 辟雍（明堂、靈台）	中元元年（56 年）明堂、靈台、辟雍	
⑩ 學官	建武 2 年（26 年）京師學官	建武 5 年（29 年）10 月太學
⑪ 二王後	建武 2 年（26 年）5 月周承休公	建武 5 年（29 年）2 月殷紹嘉公
⑫ 孔子子孫	建武 14 年（38 年）4 月褒成侯	
⑬ 樂制改革	永平 3 年（60 年）8 月大予樂	東平憲王劉蒼等公卿會議
⑭ 天下之號	建武元年（25 年）	再受命，繼承漢統
⑮ 九錫、禪讓	（延康元年〔220 年〕11 月）	漢魏故事
⑯ 鄉飲酒禮	建武 3 年（27 年）	伏湛提案
⑰ 四時禮（讀時令）	建武年間	侯霸提案
⑱ 冠冕、車服制度	永平 3 年（60 年） 8 月	東平憲王劉蒼等公卿會議

證、批判後建構而成。莽新滅亡後，建武、永平年間重新定位了元始年間的各項改制，同時加入新制度，推展為光武帝時期的《建武故事》、明帝時期的《永平故事》，成為章帝時期以後東漢時期國制的基礎。從龐大的「漢家故事」中，撰述了關於祖宗故事的《漢建武律令故事》三卷、《建武故事》三卷、《永平故事》兩卷，成為之後各王朝參照的規範。由於後世各王朝都持續參照這樣的國制，我將此稱為傳統中國的古典國制。

東漢的國家機構

整個王莽世紀以儒學為基礎，調整國制。具體的表現就是後世稱為「漢制」的東漢國家機構。我們來看看漢制的概略和特徵。秦漢時期構成國家機構的基本單位是官府。東漢的中央政府「中都官」之下，以洛陽都城為中心約有一百官府、郡縣的地方政府約有一千三百官府。

基本單位的官府，是跟漢代較大宅邸具有相同結構的建築。建築南面包圍著中庭配置有稱為「曹」的房屋，是吏員的辦公處。其北側中央是官府長官處理公務的房屋，後方由閤門相隔，是官長的私人住所。官府本身就是一

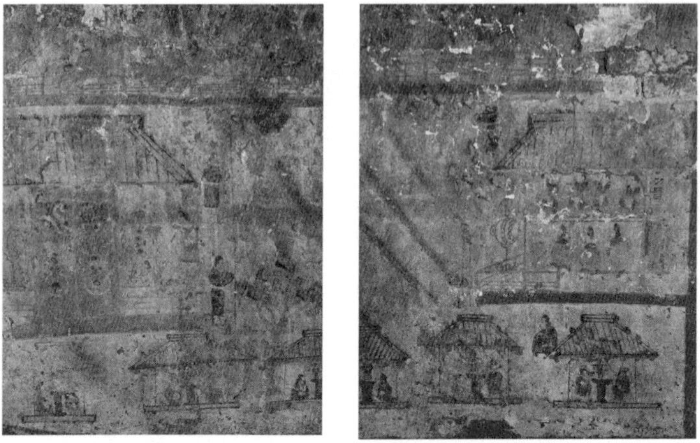

圖 21　護烏丸校尉幕府圖

沿幕府東門，下方（西側？）繪有無名曹、右賊曹、左賊曹、尉曹、右倉曹、左倉曹，南有功曹，上方（東側？）有金曹、閣曹、塞曹等屋舍。各曹屋舍內畫了案（書桌）和官吏。

個獨立的家（圖21）。

官府由數個曹（部門）所構成，有三類人員在此工作。第一類是由皇帝直接任命，負責指導整體官府的命官，除了官府長官、次官之外還有幾名副官。第二類是各曹之長「掾」，還有次官的「屬、史」，吏員「書佐、小史、幹」等，負責行政事務。這些人被稱為屬吏、小吏。第三類是負責官府內部日常勞務的卒，根據勞務內容，有「伍伯、鈴下、侍閤、街里走卒、亭卒」等名稱，為徵集百姓義務擔任的工作。

東漢的官吏整體共有十五萬二千九百八十六人，跟皇族一起構成統治階級。其中由皇帝直接任命的命官有七千五百七十六人（中央官一千零五十五人、地方官六千五百二十一人），構成比率約五％。其他屬吏（中央一萬四千二百二十五人、地方十一萬一千六百四十七人），由各官府長官來負責人事。命官和屬吏，在中央官府的每一官府有數十名到一百數十名，地方郡府則有數百名。

不僅東漢，漢代國家機構的特徵在於這些官府除了是具備較高獨立性的機構以外，同時也形成並不嚴密的官府聯合體組織，來執行行政職務。各官府由統率官府和下屬的數個官府組成聯合體，執行特定行政工作。這種官府聯合體又多層疊組，以官府聯合的多層體系的型態構成國家機構。具體架構如下所述。

中央政府在宰相府，也就是司徒、司馬、司空三公府下，設置了負責特定行政工作的三個官府（三公九卿制）。三官府下又各有幾個負責專門行政工作的官府為其下屬，組成官府聯合體〔圖22〕〔圖23〕。除了九卿之外，還有將作大匠（土木建築）等單獨負責營造的官府，或者執金吾（都城警備）、城

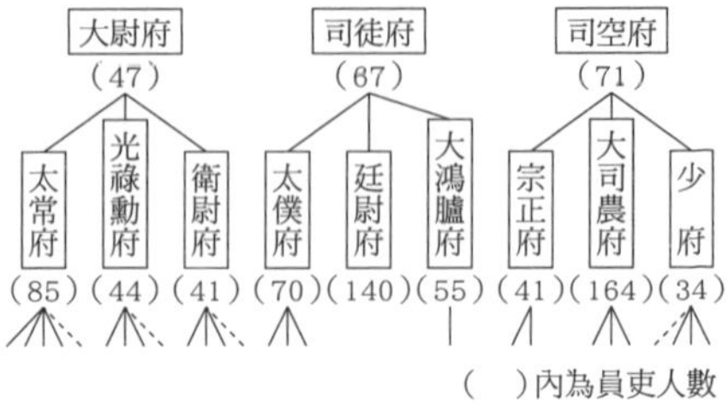

圖 22　東漢中央官府聯合體

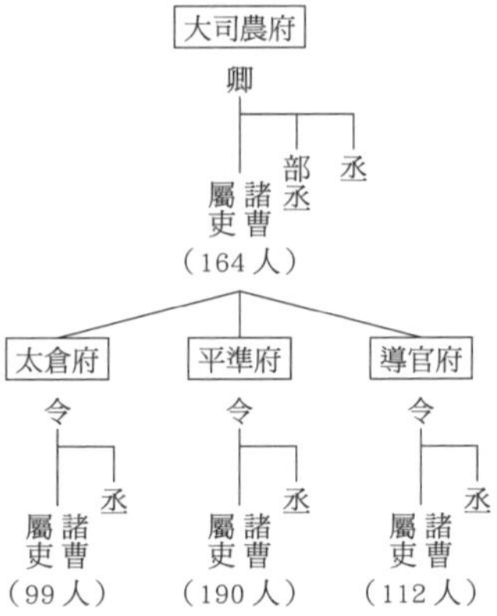

圖 23　大司農府官府聯合體

門校尉（城門警備）、北軍中候（禁軍）等軍事警察性質的官府。中央政府如上所述，以三層結構的官府聯合體為核心而編制成形。

至於地方郡國，如同我們透過秦代洞庭郡遷陵縣的例子所確認（一一一頁），是由長官太守府和郡都尉府，邊郡另有多個部都尉府，其下有多個下屬的縣官府，組成地方官府聯合體〔圖24〕。

特別值得一提的是，經過整個王莽世紀，形成了尚書體制。尚書是從秦代就有的官職，隸屬於皇帝家政機關「少府」，負責文書出納工作。當武帝開始在內朝、內廷處理政務，尚書漸漸受到重用；宣帝、元帝時期負責照料後宮的宦官兼具尚書功能，被稱為中尚書官（中書）。成帝排除了宦官擔任的中尚書，任用士人，首次在尚書下置五曹，分設部門。於是，尚書開始發揮掌管全盤行政、皇帝官房的功能。

進入東漢之後，光武帝掌握權力總攬政治，具備官房功能的尚書對皇帝決策意向也具備重大的影響力，成為直屬皇帝的行政機構，被稱為尚書台。三公九卿漸漸變成執行尚書決定的行政府。到東漢末年，尚書發展為六曹，成為隋唐以後六部尚書體制的濫

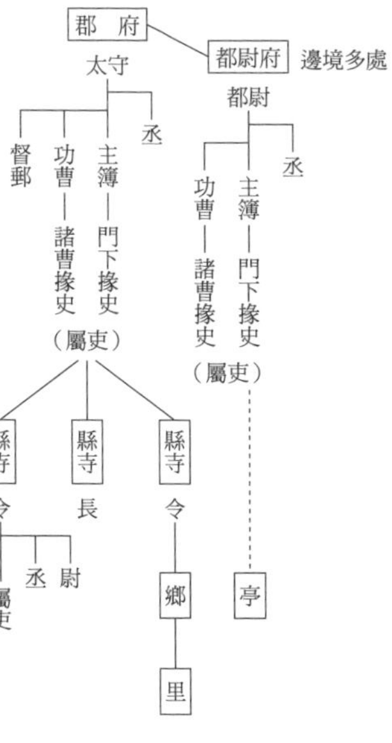

圖 24　地方官府聯合體

觴〔圖25〕。

雙重君臣關係

以皇帝為頂點的官府聯合體制，是由兩種質性不同的君臣關係所維持、整合。第一種是皇帝與由皇帝任命、給予官職的命官之間，「皇帝－命官」的第一級君臣關係，第二種是官府的官長跟他所任命、給予官職的屬吏之間，「官長－屬吏」的第二級君臣關係。官府的獨立根基在於這第二級君臣關係的存在。

尤其是地方郡縣各官府的官長，他們對自己官府屬吏有人事任命權。無論中央或地方，漢代人將官府的官長和屬吏的關係視為君臣關係。即使轉任、退職，過去的君臣關係也會轉為「故主－故吏」的關係，永續存在。特別是郡太守，

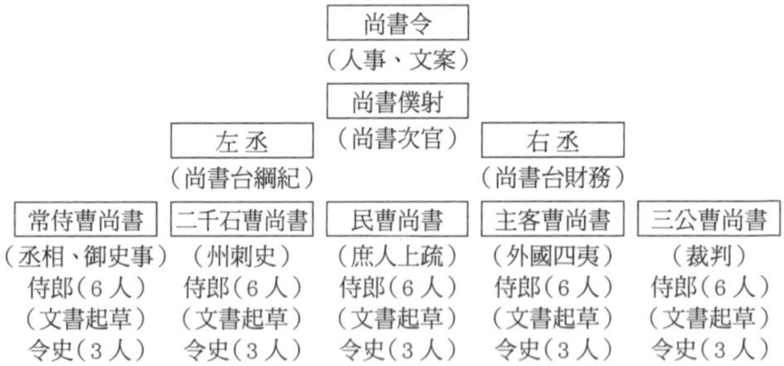

圖25　東漢初期尚書台構成圖

不僅會介入縣的屬吏人事，還會以「君道」之名因應該屬吏的政績給予賞罰，甚至誅殺。地方官府的官長就像是小專制君主。所有地方屬吏都是從屬於該郡縣的人當中任用，對皇帝是陪臣的關係。

「皇帝—命官」這種第一級君臣關係，是可以收斂在皇帝身上的一元關係，但「官長—屬吏」這種第二級君臣關係，受到官府組織規定的影響，當官長或屬吏轉任，就會締結多個君臣關係，多數且多元。在多數多元的君臣關係中，要偏重哪一種君臣關係，則是個人的選擇。

秦漢時代的皇帝是承天命，被委任統治權力的專制君主，身為唯一擁有政治決策權的人，集所有權力於一身。但是現實中的政治運作，是透過雙重君臣關係以及官府聯合體來執行，與中央集權制具備不同的政治特質。那麼漢代這種有分散傾向的專制主義，又是如何整合、維持的？

元會儀式

維持官府秩序的，是朝會儀禮。朝會時在君臣朝見的儀式之後，有時皇帝會提出政治問題來諮商或者討論。中央朝廷的朝會一般來說每五天一次，在每個月的朔望（一日、十五日），還有元旦的清晨舉行。規模最盛大的就是元旦的朝會儀禮。

漢代的朝會儀禮是漢初叔孫通根據秦制所制定。從漢初到武帝時期的歲首是十月一日。西元前二〇〇年十月（一日），第一次在元旦舉行朝會儀禮時，看到次序井然的儀禮，高祖不禁感嘆：「今日才第一次體會到身為皇帝的尊貴。」皇帝的尊貴在元會儀式上是怎麼表現的呢？

張衡（七八－一三九年）如此描寫了東漢中期的元會儀式：「於是孟春元日，群後旁戾。百僚師師，於斯胥洎。藩國奉聘，要荒來質。具惟帝臣，獻琛執贄。當覲乎殿下者，蓋數萬以二。」（在孟春元日，諸侯（郡國）從四方來朝，朝廷百官也緊隨在後。諸侯、郡國還有遠方夷狄都上獻貢物。這些全都是皇帝的臣下，上獻的寶玉等禮物就是最好的證據。此時在正殿下朝謁的人數大約有數萬人，分成東西兩支隊伍。）（《東京賦》）殿庭的東側是文官、西側是武官，各自列隊。

參加這次元會儀式的數萬人中，核心的是中央官人一千零五十五人。如果加上他們的侍從人數會是好幾倍。他們因應自己的身分向皇帝獻上不同質物（見面禮），更新第一級君臣關係。三公、諸侯為璧（玉），相當於卿的官僚是羔（仔羊），相當於大夫的官僚是雁，相當於士的官僚則獻上雉雞為質。這些質禮除了玉之外，動物皆非活體。春秋時期以來將這種儀禮稱為「策命委質」，這是對表明願意為了任命自己官爵的君主賭上生命的臣從儀式。特別是即位後第一次元會儀式最為重要。在舉行元會儀式之前就夭折的第七代皇帝北鄉侯劉懿（一二五年三至十月在位），因為沒有經過元旦的「君臣成禮」（確立君臣關係），因此沒能入宗廟，也不能稱帝號。

另外，地方郡國也會各派遣數名、共計數百名的上計吏。上計吏要參加元會，進行一整年的政治會計報告、上獻貢納品，還有可以成為官僚候補的人才（從孝廉、賢良、文學等科目中察舉者）。另外還有外國及各族使節團參加，上獻貢物。大批貢物會一舉陳列在元會會場的殿庭，稱之為庭實，庭實越豐富繁盛，就越彰顯天子盛德。

來自郡國的貢物和人物，在西周時期的兮甲盤銘文中已經出現過（第一章六四－六五頁），是對王權表明傳統集團臣從、從屬的行為。在元會上貢納人物，除了繼承察舉制的隋代，也延續為以後的貢舉制、科舉制。唐代科舉應考者稱為貢舉人、鄉貢進士等，必須要在陳列於殿庭的貢物前參列。

另外關於來自郡國（國內）的貢物，在北宋以後稱為土貢，明代十六世紀後半推行一條鞭法，州縣的土貢、方物也都編入一條計為納銀，貢納財物的制度融於銀錠之中（《明史・食貨志二》）。之後只剩下外國各族的貢獻，也就是朝貢。

如同周知，最後一次實施科舉是在一九〇四年五月，一九〇五年廢止。自龍山文化以來的納貢制或許已經不存在清人的概念中，但形式上則一直持續到一九〇五年人物納貢制廢止為止。

元會儀式不僅是皇帝與中央官僚之君臣關係的更新，以及中央政府與地方郡國之納貢制、也就是「貢納―從屬」關係的重現，同時也是涵括外國、周邊各族之臣屬，象徵帝國秩序更新的儀式。也無怪乎高祖會因此自覺到身為皇帝的尊嚴。

第五章

分裂與重整——魏晉南北朝

一、漢魏革命

清流與濁流

東漢在第五代殤帝劉隆（一〇五－一〇六年在位）年幼早逝後，嫡系斷絕，接連立旁系幼帝，政權極不安定，重現了西漢末年的政局。皇帝在位時間極短，歷代皇后及其外戚開始爭奪皇權。在此情勢下宦官勢力抬頭，進出皇帝居所禁中，與外戚相爭，甚至擁立了第八代順帝劉保（一二五－一四四年在位）、第十一代桓帝劉志（一四六－一六八年在位）。宮廷政局不穩，連帶引發了官僚制度的不健全。特別是郡太守等地方官的任命管道，幾乎都被外戚或宦官所獨占。各種利權在人事任命上紛紛介入地方政治，讓地方社會更加疲弊。

看到宮廷、官僚制度的混亂和地方社會的分裂、疲弊，一群被稱為清流的官僚開始跟地方上的士人階層聯手，希望能改革政界，展開對抗宦官勢力的大範圍抵抗運動。但是宦官派也企圖反攻，誣陷清流派官人組織徒黨，分別在一六六年、一六九年、一七六年，發布了三次黨錮禁令。所謂黨錮、黨禁，是指剝奪組織朋黨的官人、士人官僚資格。清流派官人和周邊人物遭宦官派逮捕入獄，剝奪了官人資格。第二次黨錮有百餘人被殺，「天下豪桀及儒學行義者，一切結為黨人」（天下智勇傑出的人物，還有實踐儒學的人，都被視為黨人）（《後漢書．靈帝紀》）。

黃巾之亂

另一方面，在疲弊的地方從二世紀左右開始，河南、河北各地陸續出現流民，農民開始叛亂。叛亂勢力漸漸南下，擴大到長江流域。在之後三十六萬多人一舉揭竿的黃巾之亂中，達到頂點。奉張角為教主的太平道教團，旗下有三十六將領，在華北各地編組其下級組織。他們在一八四年二月，頭裹黃巾，同一天在各地揭竿起兵。朝廷、宦官勢力擔心這股勢力跟清流派合謀，急忙解除黨禁，但為時已晚。其中甚至有如益州（四川省）黃巾馬相自號天子的人出現。這次叛亂擾動了社會底層，將東漢一舉逼至存亡關頭。

天下三分——魏、吳、蜀的成立

一八九年，第十二代靈帝劉宏（一六八—一八九年在位）去世，在新皇即位的混亂局勢中，袁紹（?—二〇二年）等人誅殺宦官，將宦官勢力逐出宮廷，還將沒能逃走的人丟入黃河濁流。另外在誅殺宦官的同時，董卓（?—一九二年）也率領羌族等進入首都洛陽。他巧妙地增強兵力，掌握朝廷實權，扶助東漢最後的皇帝獻帝劉協（一八九—二二〇年在位）即位。不久後，董卓以長安為都，讓獻帝遷到長安。

相對於中央朝廷的動向，河南、河北的地方官、軍將們則奉袁紹為盟主，組成反董卓的同盟軍。董卓被部下呂布（?—一九八年）所殺後，這支同盟軍也隨即形成幾個軍閥。其中一名軍將曹操（一五五—二二〇年）以同盟軍為踏腳石，逐漸擴張自己的勢力。最後曹操在一九六年將獻帝從長安迎回洛陽，在二〇〇年官渡之戰中，擊敗最強的群雄袁紹，大致統一了華北。

當時江南地區由孫氏歷經兩代時間掌控實際統治權。西元二〇八年，曹操軍南下平定長江中游的荊州，繼續東進計畫平定江南。孫權為了與其對抗，借助劉備的軍力，在長江中游的赤壁迎擊，展開一場大規模的水軍戰。這就是知名的赤壁之戰。結果曹操敗退，諸葛亮（一八一—二三四年）主張的「天下三分之計」實現可能大增。

漢魏革命

二一六年五月，獻帝封曹操為魏國王。權力交替已經進入倒數讀秒階段。但是二二〇年正月，曹操在洛陽罹病去世。同年十月十三日，獻帝以曹操之子魏王曹丕受到眾望為由，帶著官僚祭祀高祖廟，將皇帝璽綬（印章及其繫掛的綬帶）交給兼御史大夫張音，禪讓皇位。魏王在二十九日登上在繁陽（河南省內黃縣東北）所築的壇場祭天，在魏朝百官、列侯、諸將、匈奴單于、周邊各族共數萬人的見證下登上皇位。祭典的完成也就是即位儀式的完成。文帝曹丕（二二〇—二二六年在位）改元黃初，頒布大赦令，十二月還都洛陽，建立魏國（洛陽，二二〇—二六五年）。這就是漢魏革命。

這種政權交替是王莽所創以禪讓方式進行的權力移轉，被稱為「漢魏故事」，成為後世仿效的模式。《三國志》文帝紀的裴松之注所引的《獻帝傳》，詳細地記錄了這齣禪讓劇的經過，彷彿在提供繁文縟禮的參考範本般。

文帝即位隔年，劉備（昭烈帝，二二一—二二三年在位）在蜀（首都成都，二二一—二六三年）建國，再隔年孫權（大帝，二二二—二五二年在位）於吳（首都建業，二二二—二八〇年）建國，開始了約三百五十多年的分裂時代。

分裂時期的天下與中國

如同《傅子》所述：「天下三分，中國十有其八，吳、蜀各保一州。」（現在天下區分為三，中國保有十八州，吳蜀各保有一州。）（《三國志・劉曄傳》裴松之注）魏、吳、蜀三分天下各自進行實效統治，天下二十州中他將定都中原洛陽、擁有十八州的魏稱為「中國」。在這裡，天下領域與中國的概念再次分化。

稍微把時間往後拉，五胡十六國時期，後趙（三一九—三五一年）宰相徐光曾經對高祖石勒（三一九—三三三年在位）說，後趙控制了長安、洛陽兩都，為「中國」之帝王，與對立的江南東晉司馬政權和成蜀李氏政權之正統性不同（《晉書・石勒載記下》）。這跟三國時期的天下三分是相同的結構。由此可知，控制「中國」的政權具備正統性。

另外，三五二年，獲得鄴都（河南省臨漳縣）即位為皇的前燕（三三七—三七〇年）慕容儁（三四九—三五九年在位）也曾對東晉遣來的使者說，自己是在「中國」推戴之下才得以為王，要使者將此事回去報告東晉天子（《晉書．慕容儁載記》）。控制位於中原的都城之王權為正統王權，在分裂時期，「中國」指的是包含中原在內的華北領域。

二、華北地方社會的變化

東漢到三國分裂時期，地方社會的底層跟「相敬如賓」的漢魏革命不同，產生了嚴峻的變化。這些變化起因於三國時代到南北朝的權力分裂。變化首先出現在帝國統治的根基，也就是地方組織上。

地方行政組織——鄉里制和自然村落

漢帝國的地方行政組織是以龍山文化期以來的三階制聚落群形式為基

礎，編整為「縣—鄉」、「亭—里」。這種行政組織在古典國制成立的兩漢交替時期，有了巨大的轉變。根據〔表7〕「兩漢郡縣鄉亭戶口數對照表」，郡國數在西漢為一百零三、東漢為一百零五，幾乎沒有變化，但縣以下的數字卻有很大的變化。東漢的縣數約是西漢的四分之三，不過這跟戶數的減少成正比，所以不是太大的問題。但是鄉減少了約半數，亭也減少到約四成。西元二年起約一百五十年間，縣以下的基層行政組織驟減。鄉是戶籍編制的基礎單位，亭除了管理阡陌制下區畫出以一頃為單位的耕地，也兼管地區上的警察業務，同時也透過郵務形成連結整個帝國的通訊、交通網路。鄉亭組織比戶口數減少比例驟減更多，這可能意味著

表 7　兩漢郡縣鄉亭戶口數對照表

	西漢	東漢	減少率	出處
郡國	103	105	—	西漢數字出自《漢書》地理志及百官公卿表上（平帝元始 2 年〔2 年〕）東漢數字出自《續漢書》郡國志五（桓帝永壽 2 年〔156 年〕），鄉亭數為郡國志五劉劭注引《後漢書》（永興元年〔153 年〕）
縣道	1578	1180	74.80%	
鄉	6622	3682	55.60%	
亭	2 萬 9635	1 萬 2442	42.00%	
戶數	1223 萬 3062	969 萬 8630	79.30%	
口數	5959 萬 4978	4915 萬 0220	82.50%	

基礎聚落群的解體，也就是帝國基底的三階制聚落群形式之解體。

時代繼續往前推進，來到三世紀後半的西晉時期，如同〔表8〕「晉代鄉數設置規定表」中所示，沒有了亭，根據縣所統治的戶數，來決定設置的鄉數。鄉跟基層聚落無關，為對應縣的戶籍登錄戶數所設置的行政單位。晉朝以後也維持著「縣—鄉—里」的三級制地方行政組織。但是東漢末年開始顯著出現的新基層自然村落（屯、邨、村、鄔、丘等）並沒有直接編入。也就是同時存在根據台帳上的戶數由縣所編成的鄉里組織，以及現實中的自然聚落。二世紀半到三世紀半這將近一百年間，這種型態發展得更加徹底。

表 8　晉代鄉數設置規定表（《晉書》職官志）

縣戶數	500 戶	3000 戶	5000 戶	10000 戶
鄉數	1 鄉	2 鄉	3 鄉	4 鄉

原因應該出在兩漢交替期和東漢末年的動亂所帶來的實質破壞。然而，如果只是單純的實質破壞，還有可能重建。不過當時的變化卻走上無法回頭的路徑。最根本的原因要歸結到華北農村社會更深層的改變，以及政治、軍事上的因素。

可能導致這些現象的政治、軍事因素，是光武帝在三〇年八月斷然決定廢止郡都尉府，還有縮小內郡軍備。郡都尉是郡的軍事長官，負責統領、指揮郡的甲卒。廢止郡都尉意味著解除內郡的武裝，也形同從根廢棄整個西漢時期保存下來的戰國體制。廢止郡都尉府除了給戰國時期以來最基層的軍事、警察組織亭帶來打擊，對於亭所職掌的阡陌、耕地管理應該也帶來很大的影響。阡陌制最後出現在歷史上，是在東漢末年的土地買賣文書上。這代表著小農民階層經濟基礎之一的消滅。漢帝國解體的主因，在於戰國軍事體制的解體，還有基層單位聚落群及阡陌制的解體。

華北農村社會的變化

基層聚落群和阡陌制的解體，不僅跟軍事體制的解體有相互關係，同時也發生於和華北旱作農耕變化的相互作用中。華北的旱作農耕以武帝時期為界，出現了很大的變化。除了戰國時期以來使用耕作、整地用具，以及耒、耜、鋤等手工勞動用具的小農法農業外，以兩頭牛拖著鐵犁耕作、整地的大農法漸漸普及，旱作農法和華北農村都出現了巨大的改變〔圖26〕。

大農法的典型是武帝時期主要在首都圈和西北邊郡地帶施行，由趙過提出的「代田法」。代田法是以耦犁（以兩頭牛拖的犁）、播種用農器等等大型農具為核心，由二牛三人耕作五頃田地的農法。這跟夫婦兩人頂多只能經營一頃＝百畝的小農法有著極大的落差。大農法要成立，首先得排除相鄰四家、四陌分的田地和陌道。以數頃為單位經營的大農法，跟以一頃分田為基本單位、以小農法為前提的阡陌制耕區編制〔參見圖16（一〇一頁）〕難以互通共容。隨著大農法的進展，構成阡陌的農道被截毀，農村風景也逐漸改變。

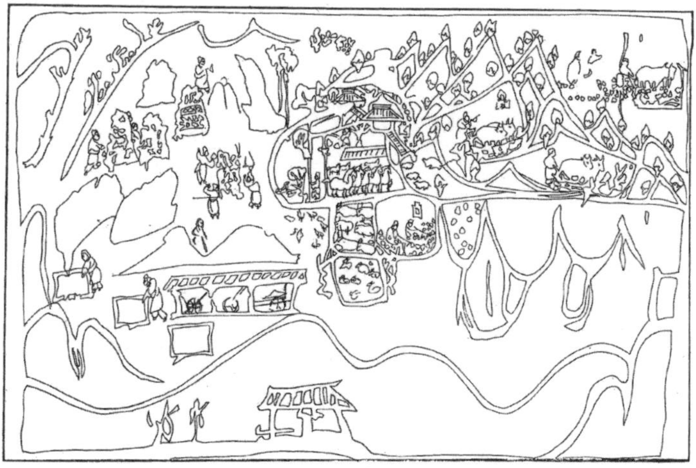

圖 26　東漢農場圖

以畫面中央山麓的宅院和園舍為中心，可以看出右邊進行農耕、左邊正在採桑、生產麻線。

二〇〇三年六月，河南省內黃縣南部的梁莊鎮三楊莊北方五百公尺的黃河故道，發現了七處宅院遺跡。現在正在挖掘其中四處。根據出土陶器的組成（陶壺、豆、甑、盆）、水槽等的器型，還有出土的三枚「貨泉」，可以判斷這些房屋基址應該是西漢末年王莽時期的遺跡。這些房屋可能是在一一年王莽故鄉魏郡發生的黃河決堤水患中被淹沒。這是一處完整保留了淹沒當時農村狀況、前所未有的遺跡，發現當時還被宣傳為是中國的龐貝城。遺跡的內容令人驚訝。

首先是農家，這處遺跡的農家並沒有形成密集的聚落，近者相距二十五公尺、遠則超過五百公尺，為「散村」的型態，散見的農家之間則遍布著農地。這種聚落型態不同於龍山時期以來的三階制聚落群形式。第二，整體景觀是在各個獨立農家周圍種有桑樹等樹木或者菜園，其周邊則是耕地。農家散落在廣大的耕地當中。第三，農家的宅院除了可容五人以上居住、稍微寬廣的第二處宅院以外，全都是最多可以容納五人小家族生活的大小。房屋統一是有兩個中庭的二進院布局。以稍大結構也比較複雜的第二處庭院為例，母屋的基本格局為一堂二內（主房和兩側房間），座北朝南，包圍著兩個中庭，另外配置了西廂房、東廂房等屋舍。這就是二進院式住宅〔圖27〕。第四點是農地，壟溝寬約六十公分，皆為南北方向。第三處宅院的農地留有牛蹄的痕跡。第二處宅院也挖掘出鐵犁。

根據這些發現可以推測，零星分布於耕地當中的農家宅院，還有小家族的大農法經營都已經普及。現在的內黃縣梁莊鎮三楊莊，在漢代屬於魏郡的領域，正位於中原。由於目前僅有這一例，尚無法斷言是否能以此代表先進地帶的農法和村落景觀。不過應該足以確認西漢末年王莽時期排除阡陌制之大農法的進展、普及，以及華北的農村聚落開始具備多樣型態，對地方行政組織的改變也帶來很大的影響。

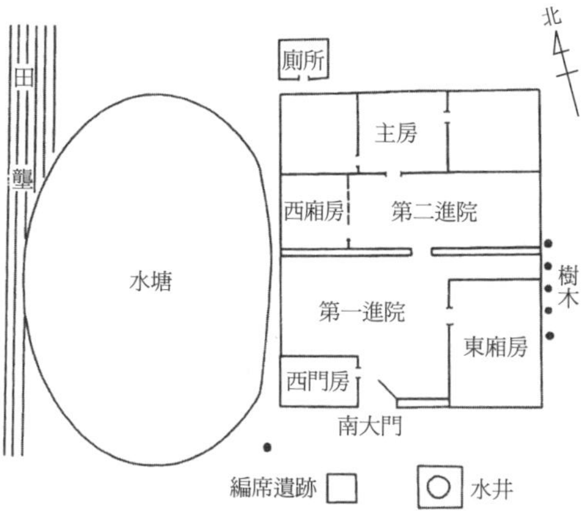

圖27　內黃縣梁莊鎮三楊莊遺跡第二處宅院平面圖

農村階層分化的擴大

西漢中期以後大農法的進展，除了動搖阡陌制的基礎，同時也擴大了農村的階層分化。如同前述，戰國末年漢初的農村，除了少數富家，存在著各半的中產階層和貧窮階層。中產階層跟貧窮階層一樣，都經營著以阡陌制為基礎的小農法。但是中產階層隨著大農法的進展，有的無法適應淪落為貧戶，有的獲得大農法的生產基礎，上升為富家階層，總之，社會走向了兩極化的現象。

武帝時期中產階層雖然開始沒落，但依舊可以確認到其存在。但是在《鹽鐵論．未通篇》裡提到：「往者，軍陣數起，用度不足，以訾征賦，常取給見民，……大抵逋流，皆在大家，吏正畏憚，不敢篤責，刻急細民，細民不堪，流亡遠去；中家為之絕出。」（過去戰爭頻傳，中央財政不足，所以依照家產評估金額來徵收賦錢，從實際存在的民眾身上收取。……滯納賦錢的多半是富家階層，鄉吏里正往往畏懼而不敢催促他們繳納，轉而嚴格地催繳貧窮階層，讓他們不堪負擔只好流亡遠方，因此只能由中產階層來繳納。）

由此可知，在農村三階層中，中產階層的租稅負擔最重。前面也提過，武帝時期的財政政策中，中產階層顯著沒落（一二六頁）。

於是，在東漢時期以後再也看不見關於中家、中產的記載，農村的結構分化為被稱為大家、富室、強家、富豪等等富家階層和貧窮階層這兩大階層。在史冊中，中家出現的最後例子應該是東漢初年人桓譚（？—五六年）的上疏。他提到大商人的高利貸經營，指出中家子弟為其提供勞役，像臣僕一樣事奉（《後漢書．桓譚列傳》）。在這段象徵中家沒落的記述之後，中家便從史冊裡消失了蹤跡。之後如同崔寔所述：「上家累巨億之貲，斥地侔封君之土，……故下戶踦嶇，無所跱足，乃父子低首，奴事富人，躬帥妻孥，為之服役。……歲小不登，流離溝壑。」（上家累積了巨萬資產，其土地好比列侯的封地，……因此其下戶的處境艱難，無立足之地，父子都得垂首為富者上家之奴，帶著妻兒為上家提供勞役。……如果沒有收入，就會流離失所、路死郊野。）（《通典》卷一，引崔寔《政論》）其中加強了對農村社會中貧富兩階層落差的描寫，由此可見農村社會的斷裂及貧窮階層的疲弊。

權力分裂期的根源，確實存在自戰國時期以來地方行政組織解體，還有農村社會的疲弊及斷裂。

三、西晉——中原統一王朝之重建

西晉統一天下

魏朝第二代明帝曹叡（二二六—二三九年在位）沒有子嗣，三十六歲就英年早逝，由他的養子齊王曹芳（二三九—二五四年在位）即位，年僅八歲。根據明帝的遺命，由皇族曹爽（？—二四九年）和司馬懿（一七九—二五一年）輔政，但兩者出現對立。司馬懿在與曹爽的權力鬥爭中獲勝，他死後其子司馬師（二〇八—二五五年）、司馬昭（二一一—二六五年）兄弟接連掌權，有時甚至廢帝或殺害皇帝。

魏在二六三年平定了蜀，但兩年後禪讓給司馬昭之子司馬炎（武帝，二六五—二九〇年在位），西晉王朝（二六五—三一六年）自此成立。武帝在二八〇年進軍江南平定了吳，相隔六十年再次統一天下。當時國家的登錄戶數為二百四十五萬九千八百零四戶（《通典》卷七），減少為東漢的四分之一。西晉的統一期間只有短短不到二十年。政治權力雖然暫時整合，但社會疲弊，依然處於斷裂的狀態。三〇〇年發生了八王之亂（三〇〇—三〇六年），不久又發生了永嘉之亂（三一一年），西晉再次陷入分裂狀態。

統一政權轉瞬告終，不過在武帝治世期間，發生了三項對過去歷史的歸整。

編纂律令、晉禮

第一項是律令和禮樂的體系化。武帝治世初期，在泰始四年（二六八年）正月公布了《泰始律令》。《泰始律令》從曹魏末年的二六四年五月開始編纂，費時三年半完成。《泰始律令》由刑法「律」二十篇和以行政法為中心的「令」四十篇所組成，整理了戰國時期以來累積的令、律、故事等法令、慣例，是中國史上最早有體系的律令法。除了這套律令法，為了增補內容，晉朝還同時編纂了《晉故事》三十卷。之後各王朝陸續改訂律令，隋代在《開皇律令》中補充律令，將「格」（臨時法集成）和「式」（施行細則集成）加入法典中，使其完備。唐的律令法便是以這些成果為基礎。

隔年二六九年，武帝公布律令的同時，也公布了關於祭祀、禮樂儀注所編纂的一百六十五篇《晉禮》。儀注記載了各種祭祀和儀禮的個別步驟，介紹實際執行儀禮、祭祀的基準。《晉禮》是以漢初叔孫通的《漢儀》十二篇，以及逐條改訂《漢儀》且大幅增添的東漢章帝時期曹褒《漢禮》一百五十篇為基礎所編纂的儀注，記載了從天子到庶人的婚喪喜慶各種制度。《晉禮》公布後依然不斷修訂，到了隋代牛弘《隋朝儀禮》一百卷、唐代《大唐開元禮》一百五十卷，終於完成。

律令法和祭儀、儀注書，法制與禮樂複合式地組合、實踐，藉此形成各王朝的政治秩序。泰始律令、《晉禮》是將始於王莽世紀的古典國制彙整為法典、禮書的最早實例。

戶調制的成立

第二項是戶調制的成立。《泰始令》編目第九篇為戶調令。戶調於東漢末建安初年（一九六—一九七年），曹操在其統治的豫州（河南省南部淮水以北、安徽省淮水以北）、兗州（河南省東部黃河以南、山東省西部）開始實施，二〇〇年打敗袁紹、二〇四年打敗袁尚後，繼續將其施行範圍擴大到冀州、幽州（河北省）這些統治領域，禪讓後在魏朝全境施行。《泰始令》將之明確記載在律令中。

統一天下的二八〇年，制定了「戶調之式」。戶調令的本文並沒有流傳下來。只能在「晉故事」的逸文中看到少許與「戶調之式」和戶調制相關的記載。式在北朝以後才成為一種特定的立法形式。此時的式是一般所稱的法、制度。因此我們並不清楚「戶調之式」和戶調令之間的關係。很可能是一套包含統一天下所需改訂措施的法令。

根據「戶調之式」和「晉故事」逸文，西晉期的戶調制是將魏的戶調制進一步推展到全國。這可以分為兩個層次，一是在縣的階段直接收取租稅，一是以這些租稅為基礎，由郡國向中央貢納的公賦、公調。在縣的階段，根據農民各戶的家產評估額區分為九個等級，因應不同等級徵收絹、綿等其他物資，將這些稅物暫時累積、儲備在地方。各郡國通常會以其治理戶數每戶乘以租四斛、絹三匹、綿三斤的固定賦課基準來決定貢納額，從地方儲備的物資中，將綿絹等財物稱作公賦（公調）上納，構成中央政府財政。貢納給中央經費之後的餘額，應該繼續累積、儲備在地方作為調外費。從中央政府的立場看來，掌握全國登錄的統治戶數，可以透過單純的計算來確認稅收和基本財政規模。

「均田之制」的重建——占田、課田制

第三項歸整是占田、課田法的施行。由於漢末的動亂，天下百廢待舉，國家登錄戶數甚至減少為一、二成（《通典》卷七）。曹操在一九六年施行戶調制時，同時在中原設置了民屯田，重新開發荒廢的田地，以求確保軍糧、強化軍隊。過去的屯田都是為了確保屯駐邊境的軍隊士兵有足夠軍糧而務農。曹操也以與孫氏政權對峙的淮水流域為中心，設置了軍屯田。相對之下，民屯田則是招募百姓、令其耕作。結果有助於振興農業和重新建構小農經營。中原一帶民屯田的成功，建構了讓曹操統一華北的物資、人力基礎。

民屯田在曹魏末年二六四年、西晉初年二六六年，魏晉交替之際兩度被廢止，屯田官和屯民被編入郡縣制中。在天下一統的二八〇年，開始施行占田制、課田制。

占田制設定一名男子七十畝、一名女子三十畝，也就是男女一對夫婦可以持有百畝＝一頃田地為基準。根據這項基礎，一品官五十頃以下、九品官十頃，對九品九等級的官員也都因應身分規定了土地持有的限度。所有占田都要賦課每畝三斗的田稅。

這種依據官品的階層式土地持有制度，很明顯是「均田之制」，也就是漢代爵制土地持有制度的重建〔參見表3（一六三頁）〕。不過值得留意的是，占田是國家承認的田土持有登錄限度，並非給田制度。

此時除了占田制，也規定了國王公侯在洛陽城內宅邸一處，還有近郊大國十五頃、次國十頃、小國七頃的「芻藁之田」（生產餵養牛馬飼料用的田地）之持有限度。

並且在官人的俸祿支給中規定，一品官支給菜田十頃、田騶十人，二品特進官支給菜田八頃、田騶八人，三品官光祿大夫等支給菜田六頃、田騶六人。四品以下沒有發現特別規定，但可能所有九品的菜田、田騶支給都是階層式的均等給付。

在此可以發現從統一秦朝、西漢的爵制土地所有，轉換為依據官品階層制的土地所有。不過設定階層來區分土地持有限度這一點，依然貫徹著「均田之制」維持均衡的本質。西漢末年瀕臨崩壞危機的「均田之制」，以曹魏藉民屯田重新開發中原為基礎，以占田制之名再次出現。但是占田制等階層制土地所有制度，由於西晉政權短期告終，並沒有被繼承為明確的制度。

課田是與戶調制公賦、公調相關的課稅地。換言之，這是一種會計上的課稅地，為了各州郡確保中央政府財源而貢納的戶調而設計。課稅地額如果戶主為丁男（十六至六十歲）則為五十畝，次丁男（十三至十五歲、六十一至六十五歲）戶主為二十五畝，丁女戶主為二十畝。如果是丁男戶主，無論其實際的占田額，會計上的課田都是五十畝，各州郡會賦課基準課稅額租穀四斛、絹三匹、綿三斤。次丁男戶主的課稅基準額為一半，丁女戶主為五分之二。這是各州郡根據登錄戶數和登錄戶主的種類，向中央政府貢納戶調時計算用的課稅結構；跟在縣的階段依照各戶資產額收取的戶調是不同層次的東西。

西晉結束之後占田、課田制並沒有持續。不過對應占田的田稅及對課田賦課的戶調這種公調制度，則在南北朝期間承接下去。

四、五胡十六國與天下的分裂

八王之亂與永嘉之亂

二九〇年，武帝去世，被認為痴愚的惠帝司馬衷（二九〇—三〇六年在位）即位後，由皇后賈南風掌握實權。二九九年，賈皇后將並非自己兒子的皇太子廢位。隔年，武帝的叔父趙王司馬倫殺害賈皇后及其一族，掌握實權，三〇一年正月篡帝位。對此，受封各國國王的司馬一族在各地舉兵，於同年四月誅殺趙王倫。之後諸王之間的對抗陷入膠著，在三〇六年懷帝司馬熾（三〇六—三一一年在位）即位、紛爭告一段落為止，華北都陷入混亂的狀態。總共有八國之王發動爭權內亂，因此被稱為八王之亂。

在八王之亂的混亂當中，三〇三年氐族李特在成都（四川省成都市）稱帝，定國號為成（三〇三—三四七年）。三〇四年，劉淵率領匈奴在山西省北部自稱漢王（漢，後改為前趙，三〇四—三二九年），最後稱帝往南方擴大其領土。

三一一年（西晉永嘉五年），劉淵之子劉聰（三一〇—三一八年在位）攻入首都洛陽，三一六年降伏了以長安為據、西晉最後的愍帝司馬鄴（三一三—三一六年在位）。之後各族接連為了支配「中國」而爭戰，「中國」北邊、西邊各族的國家頻頻生成、滅亡。這就是所謂的永嘉之亂，開啟了之後持續大約一百五十年的五胡十六國時代（表9）。

西晉滅於匈奴之手後，三一七年三月，原揚州都督、江南建業（南京市）的琅邪王司馬睿在當地即位為帝（元帝，三一七—三二二年在位），繼承了晉朝（東晉，三一七—四二〇年）。之後江南接連有宋、齊、梁、陳四個王朝，華北有北魏，因此這段時期稱為南北朝。

華北居民的改變

五胡十六國時代，包括漢人在內，匈奴、鮮卑、羌、氐、羯等被稱為五胡的多支外族，以華北地區為中心各自稱王、帝、天王等君主號，前後樹立起十九個國家，屢見興衰更迭。這些國家並非趁著永嘉之亂才大舉入侵華

表 9　五胡十六國興亡表

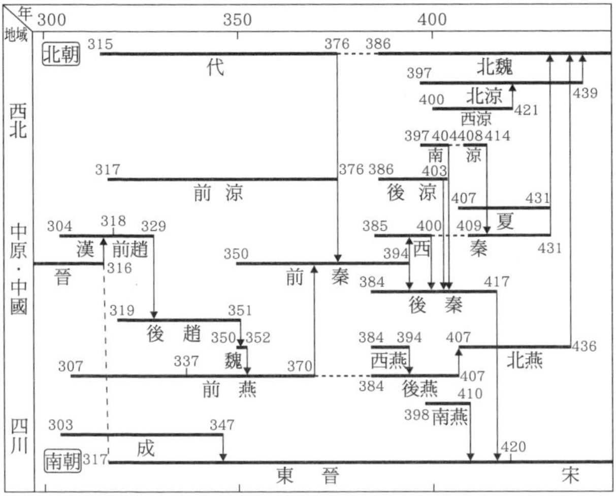

北。在這之前，有一段關於華北居民樣貌改變的漫長前史。

漢末發生動亂後，華北居民大舉往東北部的遼東和淮水以南移動。永嘉之亂更加促進了華北居民遷居遼東和江南。

另一方面，周邊各族在東漢時代就開始漸漸往華北北部移居。南匈奴在東漢光武帝時代將其根據地轉移至離石左國城（山西省離石縣），趁著東漢末年的董卓之亂，攻下太原（山西省太原市）、河東（山西省夏縣北），過黃河屯駐於河內郡（河南省沁陽縣），兵指洛陽。曹操將匈奴分成左、右、中、南、北等五部來統制，讓他們居住在山西省中北部一帶。

之後建立後趙（三一九—三五一年）的羯族石勒原是匈奴的別部，到祖父那一代為止，都散居於上黨郡（山西省長治縣）武鄉羯室一帶，因此被稱為羯胡。羯族在漢魏交替期也已經居住在「中國」。

另外在東漢初年，隴西太守馬援（西元前一四—西元四九年）討伐羌族，將該種族移到馮翊郡（陝西省大荔縣）、河東郡空地。羌族與漢人混居之後人口開始增加。一一一年，先零羌攻略河東郡，到達河內郡。結果使得安帝劉祜（一〇六—一二五年在位）將安定、北地、上郡三郡的郡府移到三輔內各縣。西漢首都圈到了東漢中期已經形同邊郡。進入西晉時期，長安周邊的關中一帶居民百餘萬人，有一半皆是羌族（《晉書．江統傳．徙戎論》。

當時居住在華北各地的五胡各族，在八王內亂的混亂中，覬覦中原的權力開始南進、東進。例如將本部遷至遼西郡的鮮卑族慕容部的慕容廆（二六九—三三三年），在八王之亂到永嘉之亂的中原混亂局勢中，讓河北湧進的大批流民定居，力求東北周緣地區的穩定。三一九年，他擊敗高句麗、鮮卑族宇文部、鮮卑族段部的聯軍，在遼東、遼西地區確立起統治權，打下日後前燕國的基礎。他的兒子慕容皝（二九七—三四八年）在三三七年九月即位為燕王，滅了段部、宇文部、夫餘，給予高句麗致命打擊，成為東北亞的強國。到了其子慕容儁（三一九—三五九年）的時代繼續往南推進，在三五二年十一月稱皇帝立元號，三五七年十一月遷都至鄴，如同前述，成為君臨「中國」的國家。

周邊各族往華北的遷徙、遷居始於東漢時代，給華北住民的相貌帶來了很大的改變，最後導向了永嘉之亂和五胡十六國的興亡。

五、鮮卑拓跋部一統華北

北魏統一華北

壓制了更迭不斷的各國、再次統一華北的是鮮卑族的拓跋部。拓跋部在五胡各族中是最晚從長城外南遷的種族。拓跋部原本以大興安嶺北部嘎仙洞

（內蒙古自治區呼倫貝爾盟〔現稱呼倫貝爾市〕鄂倫春自治旗）一帶為根據地。他們漸漸往山西省北邊一帶移居，以盛樂（內蒙古自治區呼和浩特）為根據地。

初期的拓跋部為部族聯合體。這是漸漸整合了以跟拓跋氏有血緣關係的十族（十姓）之聯合組織為核心，到始祖神元帝拓跋力微時期為止歸屬的各族（內入諸姓），再加上於其外緣有定期貢納關係的四方各族（四方諸部）的同盟組織。

拓跋部在西晉末年已經進入平城（山西省大同市）。三一〇年，拓跋部君長猗盧（？—三一六年）受封為大單于、代公，三一五年愍帝將其封為代王。

代國在三七六年，受到以長安為據的前秦（三五〇—三九四年）苻堅（三五七—三八五年在位）攻擊。戰敗同時，代王什翼犍（三二〇—三七六年）也去世。代國諸部離散，許多都歸屬了前秦。統一華北的前秦，在三八三年敗於與東晉的淝水之戰，之後急遽衰頹。什翼犍之孫拓跋珪藉機脫離前秦自立，在三八六年稱帝（道武帝，三八六—四〇九年在位），建立北魏。

道武帝將鮮卑族等從屬各族的氏族組織解體（部族解散），以首都平城為中心，在京畿設八部（八國），以八部大人為首，重新組織包含漢人在內的統治集團。道武帝將他們稱為代人、國人，與庶民百姓分別，編錄不同的戶籍。國人是意識到春秋時代意味著各國統治集團之「國人」而有的詞彙。

代人集團為北魏軍的核心，戰時被派遣至四方。道武帝在西晉以來的州（郡）縣制之上，疊加上提供戰士的八部制這種政治共同體，來統治國土。代人統治集團所形成的皇帝直屬軍大大奏效，在第三代太武帝拓跋燾（四二三—四五二年在位）的統治期間，成功統一了華北。

兩個國號——魏與代

北魏除了道武帝建國時議定的王朝名稱為魏、大魏之外，也使用「代」、「大代」為國號。「大代」就像前文所述，是因為整合了鮮卑拓跋部的猗盧受封為代公、代王而有的國號。

採用魏為國號，是因為始祖神元帝力微（？—二七七年？）在傳說中的建國元年，與三國曹魏建國同樣為二二〇年，因此想與曹魏並稱，強調北魏傳承自漢的正統性。「魏」本身就是體現了「漢魏之法」的國號。直到東西兩魏，都一直使用魏和大代這兩個國號。這顯示了漢魏州縣體制和代國、代人統治集團所形成的多層統治體制之存在，而且兩者之間不斷產生衝突。這些衝突從孝文帝企圖徹底實施「漢魏之法」的改革，到之後隋文帝的歷史，都留下了深刻的烙印。

可汗與皇帝、天子

一九八〇年，在嘎仙洞發現了刻在石室裡的太武帝祭祖祝文。上面寫著：「天子臣燾，……敢昭告於皇天之神，……以皇祖先可寒（可汗）配」，使用天子，可汗、可頓（皇后）等稱號來祭祀。「皇祖先可汗」的「先」通常是指去世的父親。但在這裡因為前面提到「皇祖」，應是指始祖神元帝力微。鮮卑拓跋部王權一開始就自稱可汗。

另外，北魏時代開始演奏的鼓吹樂（軍樂）中，有一批樂曲名為「簸邏迴歌」。「其曲亦多可汗之詞。北虜之俗，皆呼主為可汗。……如此歌是燕、魏之際鮮卑歌，其詞虜音，不可曉。」（《通典》卷一四六）後燕（三八四—四〇七年）是鮮卑慕容部建立的國家。由此可知，在後燕、北魏道武帝時代，除了皇帝號、天子號之外也會使用可汗號。這顯示了北魏的皇帝、天子很有可能在北魏成立之後也對鮮卑族等各族，特別是對代人統治集團稱可汗號。

北魏中原王朝的形成——從八部制到州郡縣制

統一華北、迅速擴大了領土後，北魏不得不分散兵力。統治集團的成員代人被派遣到地方州郡和邊境軍管區的鎮後，有很多人自此在當地定居。於此同時，需要從代人統治集團的外部獲得穩定的士兵供給、增強。因此第六代孝文帝拓跋宏（四七一—四九九年在位）在四七三年，實施了全域的戶口調查，企圖透過整理戶籍來達到租稅傜役的穩定調度，從漢人州郡民中徵集了一成的成人男子從軍。

四八五年的給田制（「均田制」）和四八六年三長制的施行，可說是更進一步加以推展的政策。四八六年所施行的三長制，是每五戶立一隣長、每五隣（二十五戶）立一里長、每五里（一百二十五戶）立一黨長，將台帳上的鄉村組織成隣—里—黨這三個階層。三長負責給田、租稅，以及收取傜役。

另外，三長制中還設計了每十五丁依序提供一名輪值兵，其他十四丁各

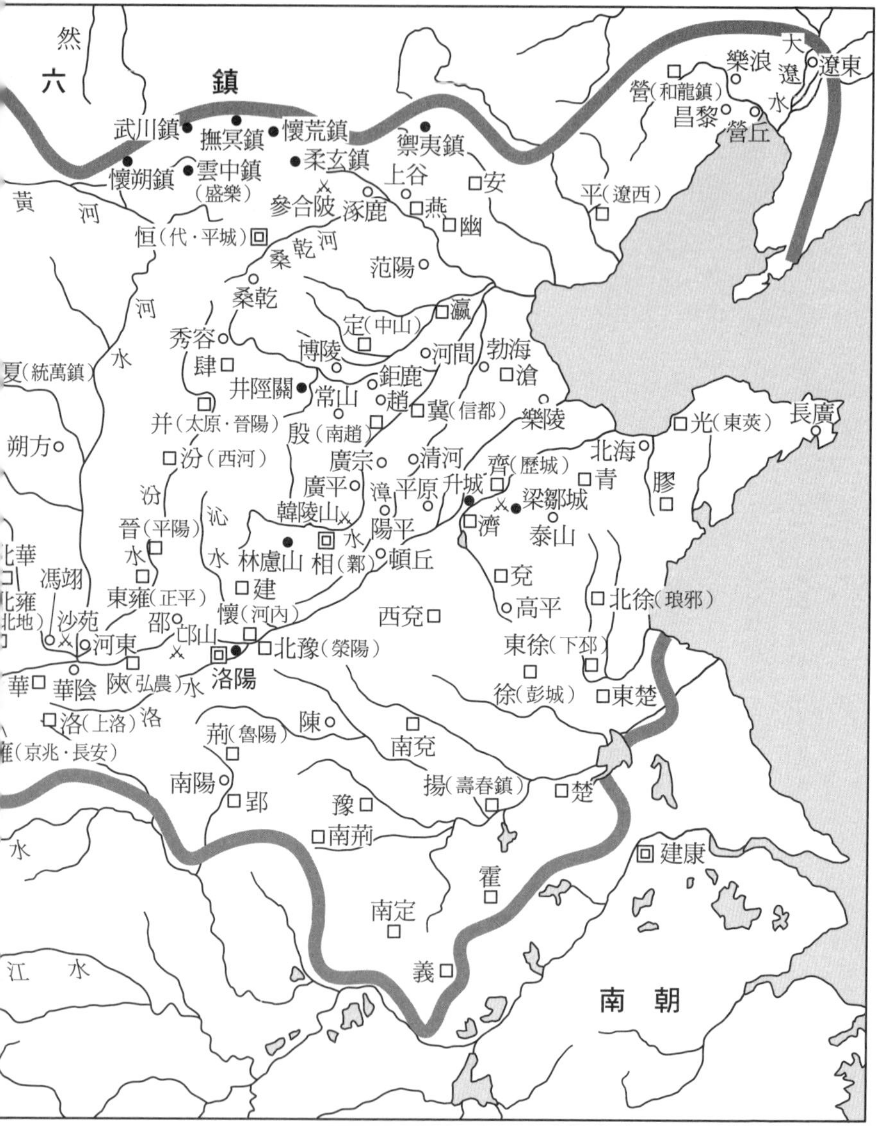
六
然
鎮
武川鎮
撫冥鎮
懷荒鎮
禦夷鎮
懷朔鎮
雲中鎮
（盛樂）
柔玄鎮
上谷
安
參合陂
涿鹿
燕
幽
恒（代・平城）
黃
河
桑乾河
范陽
桑乾
河
瀛
定（中山）
秀容
博陵
河間
勃海
肆
水
鉅鹿
滄
夏（統萬鎮）
井陘關
常山
趙
冀（信都）
樂陵
并（太原・晉陽）
殷（南趙）
光（東萊）
長廣
北海
朔方
汾（西河）
廣宗
清河
齊（歷城）
青
膠
汾
廣平
漳
平原
升城
梁鄒城
沁
韓陵山
陽平
濟
泰山
晉（平陽）
水
北華
水
林慮山
相（鄴）
頓丘
水
馮翊
建
兗
北雍
東雍（正平）
北徐（琅邪）
北地
高平
沙苑
邵
懷（河內）
西兗
河東
軹
東徐（下邳）
洛陽
北豫（滎陽）
華
華陰
陝（弘農）
水
徐（彭城）
東楚
洛（上洛）
洛
陳
荊（魯陽）
南兗
雍（京兆・長安）
南陽
揚（壽春鎮）
楚
郢
豫
南荊
水
建康
霍
南定
江
水
義
南朝
營（和龍鎮）
樂浪
大
遼
水
遼東
昌黎
營丘
平（遼西）

柔
沃野
瓜（敦煌）
酒泉
張掖
涼（武威・姑臧）
靈（薄骨律
鄯（西都）
吐　谷　渾
金城
安定
原（高平鎮）
涇
河（枹罕）
渭（隴西）
平涼
略陽
渭
水
岐
泰（天水）
南泰
（仇池）
南岐
武都
梁
東益（武興）
晉昌
白水
益
南梁
國都
州
郡
鎮及其他

圖 28　北魏地圖

提供絹一匹給輪值兵作為資助的三五發卒（每十五丁一輪值兵）方式。自此確立起一黨五里每年依序徵發五個輪值兵的制度。從鄉村徵發的士兵主要配置在淮水流域與南朝的邊境上。三五發卒方式為與村落組織密不可分的兵役徵發方式，庶民百姓被重新編組來擔任兵役，為商鞅所謂的「耕戰之士」。

隨著三長制的施行，四八六年重新編制戶籍，直到四九四年遷都洛陽為止，將實際統治的領域分為河南二十五州、河北十三州，共三十八州，確立了地方統治體制。北魏領土內的人民在州郡縣、三長制度下，無關乎種族，原則上皆受同樣戶籍制度的管理，領受田地、負擔租稅徭役以及兵役。

姓族分定

四九四年，藉著遷都至中原洛陽之機，代人統治集團也從平城遷居洛陽，在隔年四九五年「姓族分定」時落戶於此，成為河南洛陽人（代遷戶）。代人統治集團最後被置入由皇帝、官僚制管理的州縣支配體制當中。

姓族分定（姓族詳定）是指以出身和祖先歷代官品、官歷為基準，將名族的官人身分排序。

漢人名族與代人姓族分定不同，以清河郡崔氏、范陽郡盧氏、滎陽郡鄭氏、太原郡王氏這四姓，再加上趙郡李氏和隴西李氏等五姓，為序列的頂點。除了門第之別外，另外還以父祖三代的閥閱訂定了膏粱、華腴等家格，又設置甲、乙、丙、丁等四姓形成的階層，將漢人名族序列化。

至於代人則在一百一十姓的各族中，以穆（丘穆陵氏）、陸（步陸孤氏）、賀（賀來氏）、劉（獨孤氏）、樓（賀樓氏）、于（勿忸于氏）、嵇（紇奚氏）、尉（尉遲氏）等八姓為最高門第，跟漢人五姓同列。其他代人各族也以姓、族兩階層及不入姓、族者來區分，又再將姓、族兩層區分為四層，將其門第序列化。漢人和代人的門第都在皇帝權力之下序列化，建構起以門第來排序官人身分，以及統一的官吏錄用、升遷參考。

何謂孝文帝的漢化政策

北魏的漢化從第三代太武帝治世開始慢慢推動。但在孝文帝治世期為止，依然以北族的習俗、政治文化為主流。孝文帝在遷都洛陽後，廢止了代國延續的官職和西郊祭天，也禁止穿著胡族的胡服、使用胡語。另外，他將拓跋姓改為似漢人的元姓，也要求各族將姓改為漢姓。這一連串的政策跟「均田制」、三長制、姓族分定等，都被稱為漢化政策。之後西魏的宇文泰將之稱為「漢魏之法」，加以排除（《周書・盧弁傳》）。所謂「漢魏之法」，是指王莽世紀所成立的古典國制。漢化政策是以回歸東漢國制為目標，意味著創造新的國制。

推動漢化政策的四九三年，受到南齊政變的影響，王肅（四六四－五〇一年）投奔北魏。他出身自琅邪郡的名族王氏，精通故制。孝文帝在鄴會見王肅，暢談至深夜，感嘆君臣兩人相見恨晚。有人說王肅「為虜制官品百司，皆如中國」（《南齊書・魏虜傳》），也有人說他「為魏始制禮儀」（《陳書・徐陵傳》）。漢化政策因王肅所制定的官制、禮樂，完成了最後的階段。這意味著透過塑造「中國」風格，將漢魏的古典國制導入北魏。這種國制在北魏東西分裂時，完整地被東魏、北齊繼承，由後來的隋所承接。

《齊民要術》——華北旱作農法之範式形成

北魏施行給田制（「均田制」）不久的六世紀初，高陽太守（山東省益都縣）賈思勰撰寫了《齊民要術》十卷九十二篇。齊民意指一般平民，也就是百姓。《齊民要術》中解釋了庶民百姓在生活上必需的農耕殖產相關技術，從農業、養蠶，到酪農、養魚、釀造、食品加工、調理，甚至還介紹了外國的珍稀物產。其中值得注意的是關於華北旱地農法的範式形成。

華北大地覆蓋著黃土層。黃土的土壤粒子細，很容易產生毛細現象。雨水會很快滲透到土中，因此也蒸發得很快。華北一年的降雨量大約是七百公釐左右，春天雖然也有降雨，但降雨高峰落在七月。開始春耕時，為了將若有似無的天雨保持在土中，必須在土壤表層製作扎實緊密的土層，以防止水分蒸發，就像現在我們會覆蓋塑膠布一樣。這就是華北旱作農業最關鍵的部分。

耕作後夯壓出扎實緊密表層的步驟，稱之為「勞」。漢代會在耕作後立刻手工來進行勞這項工序。東漢期開始出現裝有犁壁、犁底的翻轉犁，方便翻土和深耕。《齊民要術》的北魏期，翻轉犁的運用越來越普及，隨著深耕的發展土塊也變大。因此首先要靠牲畜牽引，用耙（破土用具）來粉碎土塊，之後用耮（壓實表土的用具），整出堅實的表層。運用牲畜的「耕作―耙―勞」

耕作整地體系成立，土層的保水能力也穩定了下來。夏作收成後到冬天之前開始進行秋耕，讓保水更加穩定〔圖29〕。農民一整年都跟耕地密不可分，實現了更加緊密的土地占有關係。後面將會提到，北魏給田制中夫婦兩人基礎給田為正田六十畝，如果跟戰國漢代及西晉占田制的基礎給田為夫婦一頃＝百畝相比，顯示土地的生產性有所提高。

除了耕作整地過程之外，在這個時期運用牲畜播種的「耬犁」也更加普及，成立了靠牲畜進行「耕作－整地－播種」系統化過程。呼應這樣的變化，在《要術》的階段中組合了粟米、黍米等消耗地力的作物，還有黃豆等維持地力型的作物之輪作方式普及，連同施肥法的革新，提高了維持地力的機能。西漢中期以來的大農法終於形成一種範式。華北的這種大農法，基本上一直延續到十三世紀的金代為止。

根據《要術》的記載，這種大農法經營的基本單位是一具牛（兩頭牛和農具的組合），一．五頃（七公頃）耕地，還有五名左右的勞動者。比西漢武帝時期以二牛、三人、五頃為單位經營的代田法更加集約。勞動者包含了家族、奴婢、傭作（雇用勞動者）。當時會以具牛數來表現經營規模，也曾看過十具牛等大規模經營的相關描述。這相當於十五頃（七十公頃）、五十名規模的經營。不過這仍只是集合了十個單位的小規模經營，稱不上大經營。顏之推認為，理想的家族經營是二十人家族和未達二十人的奴婢及良田十頃的組合（《顏氏家訓・止足篇》）。農村的富豪階層應該也以這種家族經營為標準。

圖 29　嘉峪關壁畫墓耕種圖
一號墓（三世紀中葉）內部的壁畫。描繪了兩排犁耕、播種、勞等耕種過程。

如同顏之推所說，大農法下富豪階層經營的直營地約為十頃左右，超過這個規模的所有地會供為小作（佃作）。小作地的耕作者多為貧農，這些人以漢代以來的手工勞動農具進行小農法耕作。在這種絕對性的經營落差之下，貧農多半承接小作、傭作，或者商借牛犁來耕作等等，以許多形式依附在富豪階層上。其中也有人附載在富豪階層、官人的戶籍中，成為隸屬性極強的「田客」。但是多半都是登載於國家戶籍上的自作、小作（佃作）庶民百姓。北朝隋唐期的華北農村由絕對多數的貧農和少數的富豪階層、官人所構成。

「均田制」的展開——北朝的平均秩序

四八五年十月，孝文帝派遣使者巡視州郡，與地方官協議「均給天下之田」（《魏書．高祖紀上》）。這就是北魏的給田制（所謂「均田制」）。

提出北魏給田制的是李安世（？—四九三年）。北魏初年以來，鄉里制度尚未完備，執行的是每三十家、五十家編為一戶的宗主督護制。也有許多附載於富豪階層戶籍的民眾，他們不會被國家賦課租稅、徭役，但是會被富豪階層收取成倍的租稅。另外，當時州郡民眾也曾因為歉收而流亡，賣掉田宅流浪異鄉好幾代。流民回到故鄉後，富豪階層已經占據了他們的土地。這些回鄉者跟富豪階層之間展開土地紛爭的訴訟。因為為時已久，儘管兩者都會舉出各種證據，但終究難有左右審判結果的決定性證據。於是耕地廢棄，農業生產也出現問題。

為了改善這種狀況，李安世建議：一、即使難以重回井田制，也可再次設

表 10　北魏給田制

<table>
<tr><th colspan="2"></th><th>男夫</th><th>婦人</th><th>奴婢</th><th>丁牛</th></tr>
<tr><td rowspan="2">露田</td><td>正田</td><td>40 畝</td><td>20 畝</td><td rowspan="4">同良人</td><td>30 畝</td></tr>
<tr><td>倍田</td><td>40 畝</td><td>20 畝</td><td>30 畝</td></tr>
<tr><td colspan="2">桑　田</td><td>20 畝</td><td>—</td><td rowspan="3">多至 4 牛</td></tr>
<tr><td colspan="2">麻　田</td><td>10 畝</td><td>5 畝</td></tr>
<tr><td colspan="2">園宅地</td><td colspan="2">3 人 1 畝</td><td>5 人 1 畝</td></tr>
</table>

置次第、等差，丈量田土，釐清耕地區畫，找出復甦農耕的方法，讓勞動力和耕作地面積達到均衡，貧窮階層得以維生，富豪階層也可解決無謂的休耕地；二、關於係爭土地，訂立年限做出裁決，假設事件過久、情況不明，則判歸屬於目前占有者。孝文帝非常認同這些提案。於是，形成了北魏的給田制。《魏書》的作者魏收（五〇六—五七二年）對此建議感嘆表示：「均田之制起於此矣。」（《魏書．李安世傳》）這樣的記載表示出史官魏收明白地意識到，這種田制繼承了載於《漢書》的秦漢「均田之制」。

接受李安世建議，下令農田「均給」的詔勅共有十五條。其核心是對庶民百姓的給田制，詳如（表10）「北魏給田制」。如同表中所寫，百姓給田制以一組夫婦和奴婢、成牛為給田對象。單純計算這樣的給田為夫婦二人（正田六十畝）、奴婢二人（正田六十畝）、丁牛二匹（一具牛、六十畝）。也就是一具牛、四名勞動者、一百八十畝耕地的編制，這很接近《齊民要術》中描述的標準經營。這是當時最穩定的中農之小農經營。

李安世所指的農民，原本是指貧窮階層和富豪階層這兩大階層，中農並不在他的預想之中。貧窮階層夫婦二人頂多可以獲得正田六十畝、桑田二十畝、房地一畝，從事小農法經營。但說到富豪階層之家，比方說一個由父子兩代共三組夫婦形成的大家族中，擁有奴婢十人、五具牛，那麼三對夫婦就獲准經營正田一百八十畝、奴婢十人（正田三百畝）、二具牛（給田最多四牛、一百二十畝），共計六頃的穀田。

如同李安世的建議，這是因應家中勞動力而給予的耕地面積，配合勞動力的多寡，在給田面積上做出等差、限制持有額度。於是貧窮階層得以獲得維生糧食，富豪階層也可以減少無謂的休耕地。

另外，北魏給田制也考慮到耕地的肥沃度，有給予對應於正田之倍田的規定，另外對於家中沒有正丁的老人家戶或者有身體殘障者之家戶，給田則為正丁的一半、三十畝等等，會因應耕作地還有勞動者的狀況來給田。這就是均給的意義。北魏給田制並非齊頭平等的給田。而是設置等差、階層而給田的均給，這種體系就是「均田之制」。

北魏給田制並沒有如同漢代的「均田之制」般，針對官人爵制、品級進行階層式給田。不過對於地方官則在末尾第十五條規定，各給予州刺史（相當於三品）十五頃，郡太守（相當於四品）十頃，州的治中從事、別駕從事（相當於五品）八頃，縣令、郡丞（相當於六品、七品）六頃公田。這就是相當於隋唐職分田的給田，一種因應職位階層的給田制。承繼了西晉占田制嘗試的這種百姓給田制和對官人的階層制給田，都顯示出「均田之制」的開展。

北齊給田制幾乎完整繼承了北魏給田制，除了百姓給田制，又區分舊代人官人和華人（山東名族官人），再根據官品等差，從一品官以下到羽林監、武賁中郎將（六品）禁軍武官，規定了階層制的給田。這是比北魏給田制更接近「均田之制」的規定。

北魏「均田」詔中的「均給民田」，是指在「均田之制」體系中的百姓給田制，考量戶口數之多寡和土地肥沃程度等各種等差和條件，實施實質上均等的給田。在這種制度上再疊加根據官人職位和官品等差的階層制給田制度，就形成了「均田之制」。實施的關鍵就在於等差之均。均就是「均田之制」實踐上的營運規範。

第六章

古典國制之重建——隋唐帝國

一、隋文帝再次一統天下

北魏的東西分裂

第八代孝明帝元詡（五一五—五二八年在位）治世下，五二四年（亦有一說為五二三年），沃野鎮民破六汗拔陵起兵叛變，殺了鎮將後自號真王元年。這場叛亂最後波及武川鎮等北邊軍管區共六鎮的民眾，甚至華北全區。六鎮起義帶來的紛亂，讓北魏分裂為東西。分裂為東西後的魏有兩股勢力對立，一是肯定代國體制的勢力，一是肯定依據「漢魏之法」的孝文帝國制的勢力。

從六鎮反叛軍中嶄露頭角的高歡（四九六—五四七年），在五三四年於鄴擁立孝靜帝元善見（五三四—五五〇年在位），建立東魏政權（五三四—五五〇年）。高歡之子高洋（文宣帝，五五〇—五五九年在位）接受孝靜帝的禪讓，建國北齊（五五〇—五七七年）。北齊在官制、法制、禮制上都基本繼承了孝文帝的國制。但據說宮廷內權力高層說鮮卑語，漢人要晉升也得演奏西域琵琶、能說鮮卑語（《顏氏家訓．教子篇》）〔圖30〕。

另一方面，跟東魏相比原本處於劣勢的西魏（五三五—五五六年），在五五〇年宇文泰（五〇五—五五六年）參考《周禮》，以統帥十二大將軍的身分，編成一支二十四軍、百府組成的中央軍，強化軍力。北魏末年的禁軍大約由二十萬軍士所組成，大部分都是高歡率領的東魏士兵。跟隨孝武帝元脩（五三二—五三四年在位）西遷長安，之後成為西魏軍團主幹的士兵只有一萬人。宇文泰為了挽回這種劣勢，在北魏末年的內亂當中，吸收了由各地名家統領的地方軍事集團（鄉兵），從中精選富軍才者，重編成二十四軍。這就是唐代府兵制的來源。府兵在創建時已經是包含漢人在內、擁有多樣種族的軍團。

圖30　北齊徐顯秀肖像
鮮卑族官人樣貌。

五五四年，宇文泰重現鮮卑拓跋草創期的傳說，統國三十六、大姓九十九體制，讓戰功高的軍將為三十六國子孫，戰功次高者為九十九姓子孫，改名為胡姓。這些軍將統領的軍人也隨之改為軍將的胡姓。這代表著否定孝文帝改漢姓的做法，讓十二大將軍、二十四軍、百府軍將、軍士冠上北方種族之姓，回到著重軍制的初期拓跋部之代國體制。

宇文泰又在五五六年廢棄了孝文帝採用的「漢魏之法」，依據《周禮》制度執行禮制、官制改革。西魏、北周時期，孝文帝的國制、「漢魏之法」被初期拓跋的體制和《周禮》官制所代替。西魏、北周的權力高層日常中也說鮮卑語，宮廷音樂使用的是來自代國、北魏的鮮卑歌。

宇文泰死後，其子宇文覺（孝閔帝，五五七年在位）接受西魏的禪讓，開創北周（五五七—五八一年）。五五八年，第二代明帝宇文毓（五五七—五六〇年在位）撤回三十六國、九十九姓體制，又回到過去的漢姓。第三代武帝宇文邕（五六〇—五七八年在位）在五七四年將二十四軍士兵從州縣的戶籍上移除，升格為侍官，以此募兵。因此「是後夏人（漢人）半為兵矣」。藉此，二十四軍成為融合了夏人、胡人的中央禁軍，更加強化。西魏、北周的二十四軍是在北魏代人統治集團融解後，繼承其為中央禁軍的根本特質，加以重現。

以新官制、禮制、軍制為基礎，五七七年，武帝破北齊，再次統一華北。

隋文帝與「天下大同」

北周第四代宣帝宇文贇（五七八－五七九年在位）的外戚楊堅，以跟王莽一樣的步驟，在五八一年接受七歲靜帝宇文衍（五七九－五八一年在位）的禪讓，建立了隋朝。

隋朝建國時，對文帝楊堅（五八一－六〇四年在位）而言最大的敵人就是北方的突厥。六世紀中期興起於蒙古高原的突厥，巧妙地控制在華北對立的北齊和北周，接受兩國許多貢納。五八三年，文帝成功地將突厥分裂為東西，讓東突厥臣屬於隋。

五八八年十月，文帝派遣約五十一萬八千人的軍隊，從八方朝江南進軍。隔年五八九年一月，南朝最後的皇帝陳叔寶（五五三－六〇四年，五八二－五八九年在位）被抓，文帝滅陳。三世紀初以來持續的分裂局面在此告終，南北朝統一。文帝自贊此為「天下大同」。

文帝在「天下大同」的基礎下，開始改革軍制。首先在五八九年四月，廢棄中央禁軍（後來的府兵制）和地方鎮戍軍（防人制）以外的軍隊、兵器，將軍制整合為兩個系統。接著在隔年五九〇年五月，改革禁軍兵制，改變兵士、軍人的身分，令其登錄於州縣戶籍，再次視為等同一般民眾，整頓山東、河南、北邊的軍府。藉此，北魏代人統治集團以來的鮮卑系中央軍團，歷經西魏、北周的胡夏融合二十四軍、百府體制，最後轉換為從一般民戶徵發的中央十二衛禁軍（府兵制）以及都督府鎮戍軍的防人制。

率領西魏、北周軍團的諸將，多半出身於北魏末年發起內亂的北邊六鎮之一武川鎮（內蒙古自治區達茂旗希拉穆仁）。北周宇文氏、隋朝楊氏、唐朝李氏等，皇家也都出身武川鎮。他們以長安周邊的關中（陝西省南部）一帶為據點、胡漢融合的軍士為基礎，創造以府兵制為核心的胡漢融合軍事統治集團。根據該地區的名稱，我們將其稱為關隴集團（陳寅恪）。隋唐初期的權力高層，便是關隴武人集團和舊北齊門閥官人階層聯手所組織的。關於關隴集團建立的國家體制，我們首先來看看律令＝禮樂體制和統治的集權化。

律令＝禮樂的重建與革新

文帝即位之後，立刻宣布「易周氏官儀，依漢、魏之舊」，廢棄北周依照《周禮》而建立的國制，以三師、三公，三省六部體制重樹中央政治機構，執行主要官司的長官人事。這種國制延續到之後的唐朝，終告完成。文帝除此之外還訂定了開皇律令、《隋朝儀禮》，重建國制的基礎。這些國制近則承自改革北魏孝文帝體制之北齊國制，遠則在根本上繼承了王莽、東漢的古典國制。

文帝開國不久便在五八一年命令太尉于翼（？—五八三年）、尚書左僕射高熲、上柱國鄭譯（五四〇—五九一年）、上柱國楊素（？—六〇六年）、率更令裴政等十四人編纂律令。律令編纂以出身南朝梁的裴政為首，進展迅速，結合了魏晉到南朝齊梁的刑典而編，於同年十月十二日頒布。五八三年，蘇威與牛弘（五四五—六一〇年）等七人奉敕命刪減前一年的律條，編纂改訂新律十二卷。這就是後來所稱的開皇律令，除了是西晉以來律令之集大成，同時也成為唐代律令法的堅實基礎。

禮樂中禮書的編纂以祕書監牛弘、禮部尚書辛彥之（？—五九一年）等人為中心，五八三年，採用部分南齊王儉（四五二—四八九年）以北齊儀注為基礎之禮論，編纂了《隋朝儀禮》百卷，於五八五年施行此新禮。形塑國家體制的律、令、禮、樂四項中，律、令、禮三項皆在五八一年到五八三年之間完成，隋朝國制大致底定。

以雅樂為主的樂制，從五八二年到五九四年之間總共歷經十三年，透過樂制改革會議（開皇樂議）等經過種種討論和政治過程，幾番迂迴曲折後終於完成。在會議中參考、研究了關於禮樂的經學和歷代樂制、故事，以及民間音樂和西域傳來的音樂，制定出宮廷祭典儀禮所用的雅樂音律、歌詞。同時，也劃定宮廷音樂的範圍為燕樂（宴會音樂）、鼓吹樂（鮮卑系軍樂）、散樂（雜耍、面具舞樂等）。這種宮廷音樂的區分也受到唐代樂制的承繼，之後燕樂、散樂的舞樂、樂曲也成為日本雅樂的源流。

劃定宮廷音樂，等於跟民間音樂有了清楚的界線，唐代後期以後發展的俗樂，也以此出發，衍生出在南宋以後各地叢生的「中國民族音樂」。從這層意義看來，開皇樂議不僅形塑了隋朝國制，也是中國音樂史上劃時代的重要會議。

總體說來，隋唐初期的政治權力，由軍力凝聚於關中的關中本位政策＝結集於府兵制之下的關隴集團所掌握。但國制基礎的律令法制和禮樂典章，則是由繼承漢魏古典文化的北魏孝文帝、北齊和南朝梁陳這兩種系統的政治文化，重新建構。

地方官制改革與統治的集權化

文帝的國制改革不僅止於中央官制，還包括：一、地方官制改革，帶來皇帝權力的集權化；二、吏部尚書的統一人事和君臣關係一元化；三、實施貢舉（科舉）制度。

首先來看看地方官制改革與集權化的問題。

地方官制改革的第一步是五八三年，廢止東漢末年以來州郡縣三級制中的郡，改為州縣二級制。藉此簡化地方機構，實質回歸到秦漢時期的郡縣制。第二代煬帝在六〇七年改州為郡，成為名實相符的郡縣制。

第二步是將州刺史或郡太守的軍事權力收回到中央手中，讓軍制集權化。三國分裂期之後，州刺史和郡太守開始冠將軍號，兼任「某某將軍都督某州諸軍事」等，統領州刺史原本的行政官府（鄉官）和身為將軍的軍事官府（府官）這兩種系統的官府和屬吏，同時掌握行政權和軍事權。

州刺史、郡太守和漢代一樣享有鄉官系統屬吏的人事任命權，在府主跟屬吏之間重新生產出第二級君臣關係（請參見一八〇頁）。司馬和參軍等府官系統屬吏高層的人事權屬於中央政府，但州刺史、郡太守跟府官系統屬吏之間也會形成實質上的君臣關係。

文帝先廢止州刺史的將軍稱號，把州刺史手裡的軍事權力收回中央，讓州回歸行政官府的角色。另外他又在五九五年廢止鄉官系統的屬吏，將中央政府具有人事任命權的府官系統屬吏重新定位為州府屬吏，使州府的屬吏一致。經過巧妙的替換，刺史的屬吏人事權收回中央，刺史的人事權僅限於沒有政治權限的下層吏員。

如此便促成了吏部尚書的統一人事和君臣關係一元化。也就是包含地方官府屬吏層高層，中央政府的吏部尚書都可以統一行使人事權。其結果讓「皇帝—命官（品官）」的範圍擴大到地方屬吏高層，同時也廢棄了漢代以來的雙重君臣關係，在皇權之下達到一元化。

對皇帝表現臣屬的禮制也隨之一元化。元會儀禮等的臣從儀禮，為根據官品、爵位的等差，向皇帝獻上不同質物的「策命委質」儀禮（一八二—一八三頁）。文帝排除這些儀禮，轉而導入「舞蹈」動作〔圖31〕。這是在獲得官職任命或賞賜等，接受皇帝恩典時，立刻表達感謝和臣服的一連串動作。元會儀禮時，數萬參加者同時開始「舞蹈」，宣示自己的忠誠。關於「舞蹈」禮的起源，南宋朱熹（一一三〇—一二〇〇年）雖然表示無法肯定，但推論可能源自北魏。元會儀禮中的「舞蹈」一直傳承到明代。

圖 31　舞蹈圖（新靺鞨）

「新靺鞨」為雅樂右舞的舞樂。由大史二人（紅衣）、小史二人（藍袍）負責的四人舞。在古式中有身穿紫袍的人物站立，為帝王。屈腰而舞是為了表現拜禮舞蹈的樣子。應可作為了解舞蹈動作的線索。

從九品官人法到科舉制

接著讓我們來看看貢舉（科舉）制的施行。構成命官的高層官僚，根據二二〇年，陳群（？—二三六年）的提議，開始依九品官人法（九品中正法）任用。漢代以來的茂才（秀才）、孝廉等察舉制度依然存在，與九品官人法並行為登用官吏、貢獻人才的基本制度。九品官人法是認定地方人物具備官人資格的制度，察舉則是地方州郡向中央貢獻有望成為官人候補的賢才之制度。

本於九品官人法的官吏登用，分成兩個階段。第一個階段是在州或郡設置負責審查的中正官，根據個人人格、才能以及父祖官歷等，審查該地方人物，依照九品九等分級劃定鄉品，賦予官人資格（士名）。

官人資格會註記在戶籍（名籍）上，稱之為士名，擁有士名的士人可以享有免除傜役的特權。許多士人家境富裕，不過資產並非擁有士名的必要條件。重要的在於是否能具備受古典教養陶冶的人格，不被物欲控制，能秉持「廉儉」、「清白」信念在地方社會中生活。地方社會士人階層的人物評價（輿論）在鄉品的決定上扮演相當大的作用。

西晉時代多則一郡國有數千名士人（《晉書・劉毅傳》），全國大約有五、六十萬名士人。西晉的國家登錄戶口數有二百四十五萬戶、一千六百萬人，所以士人的構成比率大約只有三・五％左右。同為百姓身分，但是士人卻屬於與從事農、工、商的庶民有明確區別的菁英層。

第二個階段是考量官人資格的內容、鄉品，由吏部尚書決定任用以及官品、官職，最後由皇帝任命。以西晉為例，官僚員額中央地方加起來有六千八百三十六人。約五、六十萬名的士人，真正能夠任官的大約只有百分之一左右。地方社會上有許多這類無法任官的多數士人。

運用九品官人法，可以在任用士人的初期，讓他們由低於鄉品四品的官品開始，如果順利，最後還能升到對應鄉品的官品。比方說一個被賦予鄉品二品官人資格的人，原則上可以從六品官開始任官，最後可以升到二品官。

但是經過幾代之後，這種方法漸漸開始將重點放在官職、官位上，而非人格、人才。具有鄉品二品的士名之家（門第二品之家），經過淘汰、篩選，最後僅限於歷代高官輩出的數十家。西晉時代因為九品官人法的施行，也讓士人階層內部發生階層化和門閥化，更往根據門第來登用官吏的方向發展。

北魏在太武帝時期已經施行九品官人法。而真正落實推動則是在孝文帝「姓族分定」以後。於是，北朝也逐漸以皇帝權力為中心，走向門閥化。但是在北朝，因為北周征服荊州、北齊，隋朝征服南朝，讓山東門閥、江南門閥的地位大跌。同時也反映了胡族純樸民風，摸索著以賢才主義來登用官人的方式。在這樣的背景和風潮之中，文帝在五八七年，每年要各州推薦三名貢士給中央，開始透過考試的貢舉（科舉）。另外又在五九五年廢止州的鄉官屬吏時，也同時廢止了九品官人法。

貢舉是透過考試制度而開啟的一種自薦登用法。科舉制度立了秀才科、明經科、諸科等科目，讓貢士參加考試，合格者可以擁有官人資格。煬帝又設了測驗詩賦能力的進士科。進入唐代之後，則天武后治世相當重視進士科，於是貢舉進一步擴大其基礎，成為消除門閥的前哨。

煬帝——長城與大運河

擔任征服陳朝總司令官的文帝次男楊廣，在六〇四年文帝驟逝後即位（煬帝，六〇四—六一八年在位）。在煬帝治世的六〇九年，國家登錄戶口數來到八百九十萬七千五百四十六戶、四千六百零一萬九千九百五十六人。依照每戶一正丁來計算，每年約有九百萬正丁可以作為正役，從事二十天的使役。

六〇五年，煬帝除了首都大興（長安）之外，每個月動員正丁兩百萬人在洛陽修築都城（東都），讓天下富商數萬家遷居至此，成為事實上的首都。這種兩都制是王莽兩畿制的重現，也由唐的兩都制承繼下去。

煬帝在同年還徵發了河南地區男女共一百多萬人，建造從黃河板渚（河南省滎陽縣）通淮水的通濟渠。藉此跟五八七年開通的淮水、長江間運河（山陽瀆）連為一體，中國史上首次以運河連接了華北和江南兩大地區。這次工程的目的在於從江南地區將歷經東晉、南朝時期開發之後增加的剩餘物資，搬運到有眾多人口的洛陽、長安首都圈。煬帝立刻搭上模仿宮殿型態建造的巨大龍舟艦船，也賜文武官僚艦船，利用大運河遊幸江都（江蘇省揚州市）。這支船隊首尾相連，綿延達一百公里。

六〇七年七月，煬帝徵發一百多萬丁修築從榆林（內蒙古自治區托克托縣南）到紫河（山西省朔縣北部）的長城。工程十天便結束，但卻出現了一半以上的死者。

六〇八年正月，煬帝徵發河北地區男女共一百多萬人，開鑿一條從河南省武陟縣附近的黃河引水到涿郡（北京市）的大運河。這就是永濟渠。在這項工程中由於只有男丁仍顯不足，所以連原本不是徵發對象的女性也都得動員。

這一年七月，又徵發了丁男二十多萬人，從榆谷（青海省西寧縣西）往東修築長城。永濟渠是為了遠征東方高句麗而準備，長城則是防禦北方突厥及西方吐谷渾（統治階層為鮮卑慕容氏的種族）遠征的建築。

六〇九年，煬帝以西方青海地方為據點，擊敗吐谷渾，在東西四千里（約二千公里）、南北二千里（約一千公里）的故地設置州、縣，還有鎮、戍，收為隋朝領土。

在六一二年起的三年間，煬帝三度遠征高句麗。第一次遠征軍有兵士一百一十三萬多，兵站的男丁有二百多萬，整體為將近三百五十萬人的編制。兵士中有三十萬五千多人渡遼水攻擊高句麗，遠征後返回遼東城（遼寧省遼陽縣）的只有二千七百人。三度遠征皆以失敗告終。高句麗遠征之後，因為大興土木和軍役帶來的疲弊，全國接連出現叛亂。此時煬帝在六一八年三月於巡行中的江都遭部下殺害，隋實質上於此時滅亡。

二、天可汗的大唐帝國

唐的成立——「秦王破陣樂」

在隋末的混亂局勢中，鎮守太原（山西省太原市）的李淵趁機於六一七年七月舉兵。李淵率領三萬兵士一舉進軍，短短四個月後，就在十一月不戰而開長安城。當時他的軍勢已增加為二十多萬。李淵立刻擁立隋的代王楊侑為天子，尊生死不明的煬帝為太上皇。隔年六一八年五月，李淵受隋天子禪讓，即位為唐的第一代皇帝（高祖，六一八－六二六年在位）。不過當時各地仍是群雄割據的狀態。

接連平定各地群雄的是李淵的次男，秦王李世民。李世民花了將近十年時間，一一攻略群雄。六二〇年四月，李世民擊敗以并州（山西省）為據點的劉武周。當時民眾開始以歌舞歌頌他的戰功，名為「破陣樂」。隨著平定天下的進展，民眾和軍士也以歌舞來傳唱他的攻略過程和陣容。這些在六二七年整理為共五十二樂章的「秦王破陣樂」，由一百二十位樂人來表演。

「秦王破陣樂」使用的是當時民間相當流行的龜茲樂旋法。這種旋法源自南印度。或許是因為這個原因，同時代的印度各國也有很多人都會唱。當時玄奘三藏（六〇二—六六四年）會見正出巡羯朱嗢祇邏國的曷利沙伐彈那王（戒日王，？—六四七年），王也問起過這種舞樂（《大唐西域記》羯若鞠闍國、迦摩縷波國條）。日本在七五二年東大寺大佛開眼供養會上，也表演了兩種「破陣樂」，現在的日本雅樂中也留有三種「破陣樂」的舞樂名。李世民平定天下的雄姿，已經超越摩訶至那（大秦），遍及世界。

六二六年六月，李世民率領部下在宮城的北門玄武門，擊殺兄長皇太子李建成（五八九—六二六年）和弟弟齊王李元吉（六〇三—六二六年）（玄武門之變）。高祖立刻改立李世民為皇太子，兩個月後，李世民即位為第二代太宗（六二六—六四九年在位）。

太宗繼承隋朝的事業，陸續完備國制，打下唐朝三百年的基礎。之後取其治世年號，被讚頌為「貞觀之治」。

天可汗——中華帝國的形成

六三〇年，太宗擊敗了趁著隋末混亂復興勢力的東突厥，擒獲首領頡利可汗。當時從屬於東突厥的西北各族君長，向太宗獻上天可汗的稱號。「於是降璽書冊命其君長，則兼稱之。」（於是皇上降下璽書，封立他們的君長，並且兼稱〔天可汗〕。）（《舊唐書．太宗本紀》）

太宗在各君長還有從屬的周邊各族之部族、種族各設置州縣，因應君長、首長所率的種族規模，任命為都督或州刺史，允許世襲。這些獲得自治權的各族州縣稱之為羈縻州，由設置在邊境的都督府、都護府來管理。

太宗以直接統治的中國州縣制，和間接統治的周邊各族之羈縻州，來統治天下。六四六年十二月，太宗在鐵勒、維吾爾各族前來朝見時說道：「我今為天下主，無問中國及四夷，皆養活之。」（《冊府元龜》卷一七〇）太宗作為天下之主，一人兼有中國和北方游牧世界的王權。天可汗的稱號一直到第八代的代宗李豫（七六二—七七九年在位）的時代，都成為北方各族稱呼中國皇帝的稱號。

如同前述，可汗是北方游牧民稱呼首長的稱號，北魏初期統一華北的皇帝、天子，也都同時自稱為可汗。在突厥等北方游牧民眼中，唐是自鮮卑拓跋部創建北魏後開始的國家群之一。唐在北魏之後一樣並用帝號和可汗號，應該也是各族對太宗獻上天可汗稱號的理由。統治包含蒙古高原和中華世界這廣大領域的太宗之天可汗號，象徵著北方游牧世界和南方中華世界所形成之相互作用圈下，新中國、第二次中華帝國的誕生。

金輪聖神皇帝武曌——封禪政治學

太宗之後繼位的第三代高宗李治（六四九—六八三年在位）原本就體弱多病。六五七年以後高宗的病情加重，皇后武曌（照的則天文字）也一起臨朝，裁決官僚的上奏，參與政治。六八三年，高宗去世後，由武曌的親生兒子李顯（中宗）、李旦（睿宗）接連即位，六九〇年，武曌排除中宗與睿宗後自行即帝位，稱聖神皇帝（六九〇—七〇五年在位），改國號為周。唐朝的皇統在此暫時中斷。武曌受命改革李氏權力，故稱之為「武周革命」。

聖神皇帝武曌重視佛教，給予相當優遇。在武曌即位之前命沙門十人撰述《大雲經》（實為《大雲經疏》），宣傳武后「乃彌勒佛下生，當代唐為閻浮提（人間）主」（是彌勒佛化身下凡，應該代替唐成為人間眾生之主）。武后還在天下全土各州建立大雲寺，令其講《大雲經疏》，目的在於灌輸其權力的正當性。

六九二年，聖神皇帝武曌又自稱金輪聖神皇帝，在帝號上加了帶有佛教世界觀的金輪聖王號。佛教的娑婆世界（三千大千國土）中，有以須彌山為中心的四天下（四洲：東方毘提訶洲、南方閻浮提洲、西方瞿陀尼洲、北方拘盧洲），其中閻浮提屬於人間世界。金輪聖王是統治人間世界和其他異世界等四天下，也就是整個世界的佛教世界最高王權。

六九五年，金輪聖神皇帝武曌又自稱天冊金輪聖神皇帝。天冊意味著由上天所冊立。隔年，天冊金輪聖神皇帝在位於洛陽南方的中嶽嵩山舉行封禪祭祀。

封禪是皇帝、天子將自己統治天下的完成向天地報告，祈禱天下秩序永續安定的祭祀儀禮。中國史上過去已經有秦始皇、漢武帝、東漢光武帝等三位皇帝舉行過。進入唐代之後在六六六年，高宗相隔六百年舉行了泰山封禪。唐代封禪的特色是除了天地祭典之外還導入了會同儀式，有國內官僚、地方使節團，另外也有外國、各族的使節團參加，同為天下太平立誓。六六六年的封禪除了突厥、于闐、波斯、天竺各國，還有在六六三年白村江之戰中敗北的倭國、舊百濟，也跟新羅、高句麗的使節一起參加會同儀式，確認了朝鮮半島的和平，並立誓和平永續。

天冊金輪聖神皇帝武曌以皇帝、天子、金輪王的身分舉行封禪祭祀，向天地報告周完成天下統治，以及四天下的太平，祈求天下秩序能夠永續。天冊金輪聖神皇帝的統治遠遠超越了人間世界，以統治帝國為其目標。

玄宗再度受命

七一〇年六月二日，則天武后之後即位、復興唐朝的中宗李顯（七〇五—七一〇年在位）被韋后毒殺。則天武后之孫李隆基於該月二十日在玄武門發動政變。他排除了皇后韋氏及其勢力，二十五日讓父睿宗李旦（七一〇—七一二年在位）即位。李隆基平定了武則天、韋后家族引發的宮廷內爭權之亂（「武韋之禍」），很快從父親手中接棒，成為第六代皇帝（玄宗，七一二—七五六年在位）。

玄宗的治世為唐朝最興盛的時期。七二五年，玄宗在泰山舉行封禪祭祀，向天地報告因「武周革命」而中斷的唐朝再次受命，以及天下太平的到來。玄宗的封禪和祭儀基本上循高宗封禪的方式。讓我們來看看當時的景象。

車駕行列於十月十一日從東都洛陽出發，百官、周邊各族首長隨行，住宿各駐屯地都有數十里（約十五公里）的人畜露宿郊野，負責官司堆在車上的祭典用品綿延了數百里（約一百五十公里）長。十一月六日到達泰山，九日冬至，整頓行列來到山下，當天行（一）封祀禮（祭天），十日行（二）登封禮（埋玉牒），十一日行（三）降禪禮（祭地），十二日行（四）朝覲禮（會同儀式）。祭典中有突厥、大食、五天竺、契丹、日本、新羅等各國和各族首長參列。泰山山下頓時成為有各國、各族集合的一大政治都市。

當時「凡天下這州、府三百一十有五，而羈縻之州蓋八百焉」（《大唐六典．戶部尚書》），七四〇年的國家登錄戶口數為八百四十一萬二千八百七十一戶，四千八百一十四萬三千六百零九人。後世取此治世前半的年號，讚頌為「開元之治」。

「開元之治」籠罩闇影

再次受命的玄宗治世初期，由宰相姚崇（六五一—七二一年）、宋璟（六六三—七三七年）等人輔政，登用科舉出身的新進官僚，力圖改革政治、維持安定。結果讓帝國高層進入安定期。然而，不同於宮廷政治的安定，當時自武則天統治時期以來，地方社會中農民脫離戶籍的逃戶現象越演越烈，甚至出現了放棄本籍地的浮戶、客戶現象，蔓延各地。開元初年，這種現象除了形成社會問題，同時也影響到稅役收取，關乎國家財政問題。

七二一年，玄宗命宇文融調查舉發逃戶、客戶以及不在戶籍記載上的耕地，重新登錄簿籍，對逃戶、客戶僅課賦輕稅，令其編戶。宇文融成功地舉發八十多萬戶農民及其相應的耕地，將他們登錄入戶籍，納稅百萬錢入宮。這就是宇文融的括戶政策。不過這只是應急之策。

七八〇年實施兩稅法時，立案者楊炎（七二七—七八一年）針對開元年間的政治問題有過如下的批評。開元年間，玄宗秉持寬仁的統治理念，並未正確管理戶籍。因此人丁數、耕地面積、戶等（依照各戶財產規模區分為九個等級。臨時稅役等必須依照等級來負擔）都未能正確掌握，戶部只管理陳舊無實的戶籍，並未掌握社會實情。另外，開元年間的對外戰爭，許多邊境警備兵士（防人）雖已死亡，但由於戶籍紊亂，疏忽了邊將的死亡申告，還保留著死亡兵士的戶籍。進入天寶年間（七四二—七五六年）後租稅徵收變得嚴格，根據留下來的死亡兵士舊戶籍，除去六年防人負擔期間，開始追徵三十年分的租稅，租調役制已經失去其機能（《舊唐書・楊炎傳》）。

始於開元年間，從逃戶現象衍生的戶籍管理混亂，讓租調役制和軍制危機來到最高點，唐朝的律令制統治出現了巨大的變化。接下來我們要來看看唐朝律令制及其變質。

三、《大唐六典》中的唐代國制

《大唐六典》

七三八年，宰相李林甫（？—七五二年）呈上三十卷《大唐六典》給玄宗。《大唐六典》的編纂始於七二二年，以開元七年令（七一九年）和格、式等法令條文為基礎，將之分解，參考《周禮》的六官制（天官冢宰、地官司徒、春官宗伯、夏官司馬、秋官司寇、冬官考工記），重新編輯了三省六部、九寺等官制（圖32）。

《大唐六典》是唐人自己對唐代國制的總整理，作為同時代的史料而言，具有極高的價值。編輯作業前後跨十七年，因此有些地方已經與七一九年當時的律令官制不同。因此，有許多根據開元二十五年令（七三七年）和七三八年敕令等而加上註記的地方。換言之，《大唐六典》描述了唐代律令制及其變化過程。以下

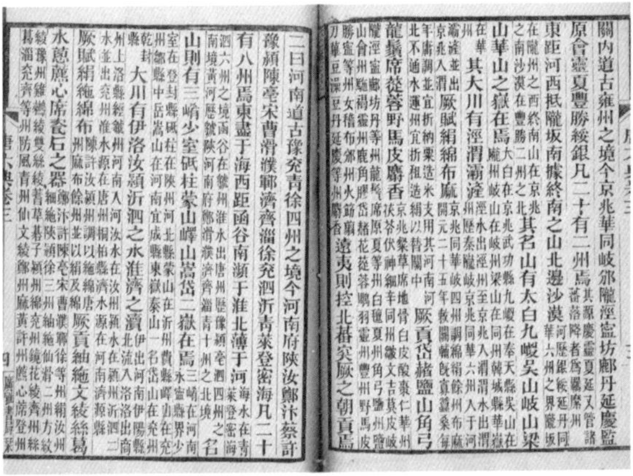

圖32　《大唐六典》卷3〈戶部尚書〉
右半頁為關內道、左半頁為河南道，各自記載了其屬州、四至（四方範圍）、名山大川、賦（庸調物）、貢物、朝貢種族名。

我們將會介紹其主要內容，觀察開元時期的唐帝國及其演變狀況。

唐代律令制的國家機構

唐代律令制的國家機構承繼由隋所創立的國家機構，由三省六部和十二衛府所代表的中央政府（《大唐六典》卷一至卷二九），以及州縣制和都督府鎮戍制形成的地方機關（卷三〇）所構成（表11）。根據《通典》一九，營運國家機構的官人有一萬八千八百零五人，包含下層吏員則共計有五萬七千四百一十六人。除了官吏之外，還有從百姓徵發的約三十萬人，在各機關從事各種勞務。

三省為負責政策立案的中書省、門下省，以及行政執行機關尚書省。三省長官為中書令兩名、門下侍中兩名、尚書左右僕射（李世民曾經擔任尚書令，故後來不置此職），原本只有這六名宰相。之後任其他官職者也會加上「同中書門下三品」、「同中書門下平章事」等頭銜，並列為宰相。宰相有數名，在政事堂（中書門下）下議政辦公，以合署方式擬定政策。

尚書都省下設有吏、戶、禮、兵、刑、工六部尚書，各部又如戶部尚書

表 11　《大唐六典》官制一覽

卷	官名	卷	官名
1	三師、三公、尚書都省	16	衛尉寺、宗正寺
2	吏部尚書	17	太僕寺
3	戶部尚書	18	大理寺、鴻臚寺
4	禮部尚書	19	司農寺
5	兵部尚書	20	太府寺
6	刑部尚書	21	國子監
7	工部尚書	22	少府監
8	門下省	23	將作監
9	中書省	24	左右衛、左右驍衛、左右威衛、左右領軍衛
10	祕書省	25	左右金吾衛、左右監門衛、左右千牛衛、左右羽林軍、折衝府
11	殿中省	26	太子三師、三少、太子詹事府、左右春坊
12	內官、宮官、內侍省	27	太子家令寺、太子率更寺、太子僕寺
13	御史臺	28	太子左右衛率府、諸率府
14	太常寺	29	親王府、親王國、公主邑司
15	光祿寺	30	京兆、河南、太原府，都督府，州縣，都護府，鎮戍嶽瀆關津

的戶部司、度支司、金部司、倉部司般，設有四個官司。尚書省整體為六部二十四司的體制。

尚書省為管理各官司負責之專門文書行政的機關。實際的行政實務由太常寺、太府寺等「九寺」這九個機關，依據相關六部透過文書下達的指令來實施。

除了九寺之外，實務機關還有管理營建工程的少府監、將作監等，培養人材的國子監，另外還有監察機關御史臺，負責再審案件和糾舉官僚的犯罪。構成中央政府的軍事機構有守備宮廷、都城的南北禁軍。南衙禁軍有十二衛府。各衛府設於宮城南方的皇城內，因此稱為南衙禁軍。

以皇帝親衛隊之名而成立、招募，經過選拔後的軍士組成的為左右羽林軍。他們駐屯於宮城北門的玄武門一帶，稱為北衙禁軍。七三八年，左右羽林軍分立為左右龍武軍，共稱北衙四軍。太宗和玄宗皆在玄武門發動政變，因此北衙禁軍的統制，就決定了宮廷的鎮壓是否成功。

南北禁軍的主力十二衛府兵士稱為衛士，各衛府約一萬人，總共有十多萬衛士。衛士是從遍布全國的折衝府府兵中，依據派遣輪值兵到系屬的衛府。折衝府全國有五百九十四府，每一折衝府下平均有一千名兵士，府兵共約六十萬人。

設置折衝府的州稱為軍府州。軍府州多半位於長安周邊的關中、東都洛陽周邊，以及西北地方一帶。這是因為禁軍源自採取關中本位政策的西魏二十四軍之故。關中本位政策是指為了對抗東魏、北齊，而將強兵集中於關中。因此在征服的舊北齊山東（河北、河南）地區，或者南朝江南地區，偶爾才會設置折衝府。

不需要到衛府輪值的府兵，以農民身分生活，冬天十二月農閒時期到折衝府接受軍事訓練。「十二衛府—折衝府」使用的軍樂，來自鮮卑軍樂，直到開元年間都以鮮卑語來唱。這也代表了府兵制從前與北魏代人集團的淵源。

唐代的地方機構

唐代的地方行政為州縣制。天下州府有三百一十五州，《六典》中並沒有記載縣的數量，但應為一千五百七十三縣（《通典》卷一七二）。州縣外緣邊境設置約八百羈縻州。如同前面所說，羈縻州乃因應投降異族的勢力，任命為都督或刺史，允許其世襲自治。州縣、羈縻州的範圍就是唐朝天下的領域。州縣、羈縻州分屬於負責監察的十道。《六典》中仿《尚書・禹貢篇》的九州，寫出每道的所屬州府、羈縻州，賦（庸、調的絹、麻、綿布等）的種類，貢物種類，羈縻州之外的各族及其貢物。這是根據開元二十五年令，唐朝極盛時期所做的記載，描繪出以貢獻制為共通基礎的州縣制、羈縻州、遠夷所形成的帝國版圖〔圖33〕。

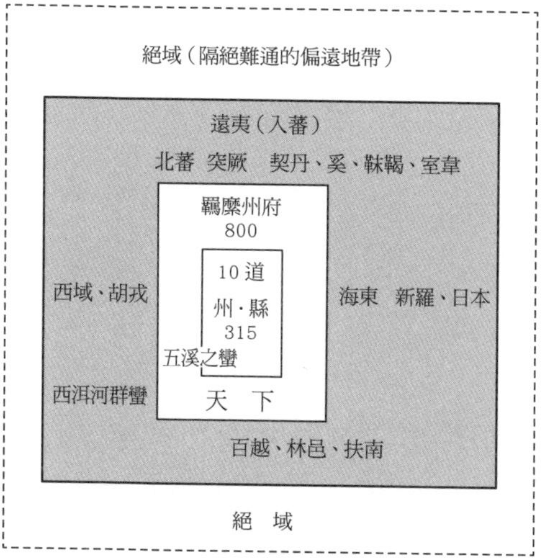

圖33 大唐帝國概念圖

唐的地方軍制對應州縣制，有「都督府－鎮－戍」系統的軍事機構。這些兵稱為防人、防丁，由各州縣百姓正丁（二十一至五十九歲男性）中徵發。屬於「都督府－鎮－戍」系統的防人，源自北魏三長制下每十五丁一輪值兵的丁兵制之兵士，跟構成禁軍的衛士屬於完全不同的兵種。

防人值勤的鎮戍是有品官鎮將、以戍主為主帥的軍事組織，除設置於邊境之外也會設置於內地。開元年間，全國共有二百四十五個鎮、三百四十二個戍，共計約五百八十七處鎮戍，兵員大約七萬（《大唐六典．兵部尚書》）。除此之外，在管轄鎮戍的全國四十六處都督府，以及各地的關（關所）、津（碼頭），州縣的城門、倉庫也都配置了防人。開元年間，應該至少有十多萬防人常駐都督府、州、縣、鎮、戍、關、津，守衛三百州、一千五百縣的城門、倉庫等。

歐陽修執筆《唐書．兵志》以來經過千年有餘，大家都誤解唐的軍制只有府兵制，府兵負責衛士、防人、行軍等所有軍役。大家對其著述絲毫沒有疑念，除了現今世界史教科書的記載之外，也反映在國內外所有唐代史專業研究書上。但是只要閱讀由唐人之手整理的《大唐六典》就可以清楚了解，唐的軍制是由，「十二衛—折衝府—府兵制」形成的中央南衙禁軍編制，跟「都督府—鎮戍—防人制」之地方軍制這兩種系統所構成。主要始於開元年間的節度使設置，並不是在府兵制瓦解後才開始，而是以都督府鎮戍制為一個據點，重新展開的制度。此時正是我們該擺脫長達千年之誤解的時候。

鄉里制與坊村制

《大唐六典・戶部尚書》有兩處關於鄉村制度的記載。一是鄉里制。這是源自西元三世紀以來，根據登錄台帳的鄉里系譜制度，以百戶為里，以五里、五百戶為鄉。里設里正。里正根據各戶主自行申告（手實）的戶口、田土，製作一里百戶的戶籍（三年一次）、計帳（每年），再根據戶籍、計帳收取、徵發租調役、兵役。里正除了戶口、稅役管理之外，也負責維持治安和鼓勵農業。

鄉不設吏員。鄉是把五里的戶籍整理為一卷，向縣報告的台帳單位，也是將收取的稅役繳納給縣的基礎單位。各縣役所設置了所屬各鄉的鄉司。鄉內五位里正輪流擔任鄉主，管理鄉司範圍內的簿籍、稅役。西元三世紀以來，鄉里並沒有聚落的實體。

根據七五四年戶部的報告，「天下之郡（州）有三二一，縣有一五三八，鄉有一萬六八二九，戶有九〇六萬九一五四，口有五二八六萬〇四八八」。

〈戶部尚書〉收錄了一萬六千八百二十九卷的戶籍，據此總理財政。

另一個是坊村制。這是西元三世紀以來具有實體的聚落。以長安、洛陽都城內，各州縣城郭內的住宅區為坊，圍繞坊壁以區畫。位於州縣城郭郊外的聚落為村。坊和村設有坊正、村正。他們主要負責門的管理和維持治安。里正、坊正、村正有時會由中丁（未成年男子）或者有輕度身體殘疾者負責，為徵發制的義務吏役。台帳上的鄉里制自然不用說，坊、村也並非自治聚落。連接鄉里制和坊村制的是戶、戶籍。

大唐帝國皇帝、官人、官吏所組成的數萬統治階級，屹立於寫在黃麻紙的一萬數千卷戶籍之上，透過戶籍統治著九百萬戶、五千萬百姓。

「均田制」的完成與瓦解

《大唐六典．戶部尚書》中將唐代「給田之制」分為：（一）百姓給田；（二）官人永業田；（三）諸州公廨田；（四）官人職分田，並記載其詳情。

（一）百姓給田如同〔表12〕「唐代百姓給田規定」，以丁男百畝為基準，依照主要勞動者、戶主的區別和社會分工等來設置耕作面積的等差進行

表 12　唐代百姓給田規定

	口分田（畝）	永業田（畝）
丁男（21~59 歲）	80	20
中男（18~20 歲）	80	20
老男、殘疾等	40	—
寡妻妾	30	—
老男、殘疾等戶主	30	20
寡妻妾戶主	30	20
女丁、黃小中男戶主	30	20
工商業者（居住於寬鄉）	40	10

給田。（二）官人永業田如同〔表3〕「中國古代依照身分的土地持有制度」（一六三頁），根據爵位、官品的等差，區分為百頃到二頃的等級，給予永業田。（三）諸州公廨田也是根據各官廳（公廨）的等級，設置四十頃到二頃的等差而給田，賺取的佃作費用充為官廳經費。（四）官人職分田是根據各官人的職位、官品之等差，規定從十二頃到八十畝的給田。依據身分、官品、職位、官廳等級來規定給田面積，就是「均給」、「均田」的意義。

如果著眼於唐代給田制這種依據等差給田的整體結構，西漢王嘉和東魏魏收等人想必會感嘆「均田之制」在此徹底地實現。包含我自己，也必須訂正過去以為只有百姓給田制才是「均田制」骨幹的認識。

嚴格來說，中國並沒有稱之為「均田制」的一套制度。中國所存在的，是受到西漢王嘉、東魏魏收等人肯定為「均田之制」，戰國時期商鞅以來根據爵制的土地持有制度，西晉包含官人在內的占田制，還有北魏時期開始重建、於隋唐終至完成，以等差為依據的給田制體系。

近年發現的北宋天聖令田令，是將共五十六條的開元二十五年令田令中，修訂了七條而繼承。七條中只留下了（三）諸州公廨田的修訂條文，其他三種唐代給田制皆已廢棄。雖然繼承了部分「均田之制」，不過就體系上來說，唐代律令的給田制到了北宋時期可說已經廢絕。

至於俗稱的均田制，開元天寶年間以後，原本禁止的給田買賣橫行，官人、富豪層手中開始累積大批土地。百姓的占有地稱為「永業」、「已業」，登錄於戶籍的國家成員等同人戶，得以在事實上持有土地。七八〇年開始的兩稅法，便是以這種實際持有的土地為依據，進行賦課。

租調役制

接著我們來看看庶民百姓的稅役負擔。關於唐代百姓的基本負擔，《六典》中寫道：「凡賦役之制有四：一曰租，二曰調，三曰役，四曰雜徭。」（卷三〈戶部尚書〉）。具體負擔內容為每一正丁課租穀物二石（約一百二十公升）、調絹二丈（二十尺約五．八公尺、半匹）、綿三兩（約一百二十公克），若是麻布則為二丈五尺、麻三斤（約兩千公克），正役為二十日勞動。

正役是二十天的體力勞役。正役指的是跨越百姓戶籍所屬之州而服役的情況，多半都是運輸租稅財物的勞動工作。負責州內運輸工作，修築堰堤或浮橋等輔助性勞動時成為雜徭、夫役，換算為正役的一半。因此如果服的是雜徭，上限就是四十天。

賦役制（租調役制）以正役為基礎來設計。除了正役二十天（雜徭四十天）之外又服役十五天（雜徭三十天），就可以免除調，再服役十五天，共計為三十天（雜徭六十天），租、調皆可免除。換句話說，假如服正役五十天、雜徭一百天，就可以免除所有賦役的負擔。不過正役雖然明確規定了有五十天的上限，雜徭卻並未設置明確的上限。對唐代農民來說，徭役和兵役為最重的負擔。

根據《六典》，唐代百姓的負擔可以稱為「賦役制」，或者「租調役制」。不過在教科書或者國內外的專書上提及唐代百姓稅役負擔時，都會記載為「租庸調」。原因前面也提過，這是因為司馬光創了「均田租庸調法」這種說法，再加上歐陽修所寫的《新唐書．食貨志》中記載：「國家賦役之法，曰租、曰調、曰庸。」之故。很明顯的，歐陽修改寫了《六典》原本的記述。租庸調是宋人的說法。

庸是指以每一個勞動日繳納三尺之絹，二十天就是六十尺（六丈、一匹半）的絹，來代替二十天正役。北宋以後的記載，因為唐初以來以代納為基本，故將之稱為「租庸調」制。但令人費解的是，唐初以來代納為基本這件事，並沒有史料根據。

前面說過，唐的賦役制是以正役為基準進行設計。七三三年秋，京兆尹裴耀卿（六八一－七四三年）曾經提過，運送租稅、財物每年使用四百萬人的輸丁（《舊唐書．裴耀卿傳》）。當時的正丁總數約有七百萬丁，所以一半以上的正丁都負責了運送勞動的正役。除此之外正丁還可能要負責營田丁、飼牛丁、驛丁等特定勞動，也有服軍役或其他各種徭役的正丁。因此，就算計算得寬鬆一點，以庸代役的人也不到三分之一。看來還是依照同時代人所稱，唐代律令制下的負擔應該稱為賦役制或者「租調役」制較為妥當。

根據《大唐六典》卷二十〈太府寺〉，天下三百一十六州中貢納租調庸物的有一百四十二州，被稱為邊州等而沒有貢納的有一百七十四州。構成防衛地帶的邊州地區，跟貢納地區「中國」之間，形成了地區間的分工。「中國」的貢納州除了負責對首都圈的財物貢納，也負責以都督府為中繼基地來運送財物，提供邊州地區行政經費和軍事經費。

唐代的正役、雜徭等服役勞動，多半都是源於這種地區分工所需的租稅財物運輸勞動。往邊境的運輸勞動特別重要，還兼有兵站功能。兵站需要兵員兩倍的勞役。前面提到過隋在第一次高句麗戰役中，使用了一百一十三萬餘兵士的兩倍勞役。這些財物運輸、兵站集結、分配據點就在都督府，如果是兵站，除了正丁應該還會使用防人。

假如用租庸調來概括唐代百姓的負擔，那麼將會忽略唐代與兵役、軍制和財政相關的全國性物流組織特性，對唐帝國的歷史認知也會出現錯誤。在此特別強調，應依照唐人的記載，稱為租調役制。

進入開元年間，逃戶、浮戶、客戶現象成為顯著問題，這是企圖逃避正役、兵役負擔的百姓發起的抵抗運動，也是動搖唐代律令制，甚至大唐帝國根柢的一大動因。

從府兵、防人制到健兒、募兵制

唐代前期律令制下的軍制、軍役，隨著武則天時期開始的庶民百姓逃亡現象，也就是逃戶的顯化，漸漸出現瓦解的徵兆，七一二年左右，開始出現正式的改革。其轉換點是七二一年宇文融提出的括戶政策，這項政策找出國家登錄戶數約一成的逃戶、客戶八十萬戶，加以編戶。與此連動，在隔年七二二年八月，宰相張說（六六七—七三〇年）兩次上奏進言：一、邊鎮兵已經膨脹為六十萬，請罷二十餘萬人還農；二、招募兵士，重新編整中央南衙禁軍十三萬人。

後者招募諸衛禁軍兵士進行重整，意味著要讓府兵衛士變成募兵制。府兵衛士在七二三年十一月改為「長從宿衛」十二萬人，又在隔年二月改名彍騎，喪失原本的實體。七四九年五月，停止已淪為形式要求折衝府提供輪值衛士的命令，府兵制在此畫下句點。募兵制始於中央禁軍。

戍邊防人的募兵制，發展的方式與府兵宿衛制不同。原本的防人制，是以山東地區，也就是河北、河南道為核心的一般州府編戶百姓為主來負擔。這跟兩都、西北地區的軍府州百姓負責府兵、衛士，剛好成一對照。防人的主力是原本以每年十月一日為期、每年交替一次的邊境警備之軍役。但是在七一四年之後，交替期間延長，七一七年改為四年交替，後來又改為六年交替，隨著交替期間的延長，也發展成透過招募讓兵士（健兒）職業化。

起初是四年，接著又延長為六年交替的防人制，實在不是每年都得耕作的農民所能負擔的軍役。對許多小農民來說，家中主要勞動力缺席四年、六年，就等於要他們放棄農業經營。這個問題勢必得解決。農民自主的選擇之一，造成了開元年間的逃戶現象。張說主張減少二十萬戍兵和歸農，是初步的因應，他最終期望透過募兵制來根本解決這個問題。

於是，七三七年五月，皇帝下詔全面改為招募的職業兵士、長征健兒制。如同《六典》編纂者所說，「是後州郡之間永無徵發之役矣」，長征健兒制的成立，宣告了從州郡徵兵、交替防人制的最終解體。跟隨先行改採募兵制的府兵制，最後以編戶農民為對象的徵兵制律令制軍役也解體了。源自商鞅變法的「耕戰之士」在此完全解體，取而代之的是延續到宋代的兵農分業軍制。

安史之亂的開始

玄宗治世的開元年間，如同前面所述，因戶籍管理草率，逃離戶籍登記地而搬遷、流亡的逃戶大增，唐朝的制度基礎給田制（所謂的均田制）、租調役制、府兵制、防人制解體，發展出新的制度。除了律令官制之外，也設置了節度使、租庸使、轉運使等掌管財政、軍事關係的「使職」。使職有時會因應政治問題而設置，由皇帝直接派遣。許多臨時使職後來也變成常設職，律令制下的統治機構開始動搖。不過表面上天下太平，七五五年的國家登錄戶口數上升為八百九十一萬四千七百零九戶、五千二百九十一萬九千三百零九人。當時的杜佑（七三五－八一二年）曾經在著作《通典》中寫道，這是唐的極盛時期。

在各種使職中，對唐代後半歷史帶來決定性影響的就是節度使。節度使原本是為了邊境防衛而設置的軍事機構，是一種體現帝國威勢的政治裝置。

七一一年設置河西節度使（駐涼州，兵士七萬三千）後，唐帝國陸續在開元年間設置安西節度使（龜茲城，二萬四千）、北庭節度使（北庭都護府，二萬）、朔方節度使（靈州，六萬四千七百）、河東節度使（太原府，五萬五千）、范陽節度使（幽州，九萬一千四百）、平盧節度使（營州，三萬七千五百）、隴右節度使（鄯州，七萬五千）、劍南節度使（益州，三萬九千）、嶺南五府經略使（廣州，一萬五千四百）等十節度使。

唐極盛時期的七五五年，范陽節度使安祿山（七〇五？－七五七年）叛亂。

安祿山原本是營州的雜胡。他有伊朗系粟特人和土耳其系突厥人的血統，能說多國語言。他先在幽州節度使張守珪手下立了軍功、嶄露頭角，七四〇年時成為平盧兵馬使。接著在七四二年成為新設的平盧節度使。七四四年兼任范陽節度使，又於七五一年兼任河東節度使，總共控制三個藩鎮。過了十年左右，儘管他深受玄宗寵幸，還是在玄宗死後伺機發動叛亂。

兼管五十種使職、獨攬朝中大權的權臣楊國忠（？－七五六年）向來與安祿山不合，經常向玄宗打小報告說安祿山有謀反野心，但玄宗始終置之不理，於是他屢次興事，想要逼安祿山造反，好取信於玄宗。安祿山不得已之下與三個部下密謀，立刻決定反叛。其他諸將包括後來叛亂首謀史思明（七〇五？—七六一年），此時還毫不知情。但是自八月以來看到安祿山經常犒賞士卒，也勤於餵馬、保養兵器，心中已漸生疑慮。

這年冬天十月四日，玄宗離開長安，前往華清宮溫泉。十一月九日，剛好有使者從長安回到范陽（北京市舊城西）。安祿山趁此機會偽造詔書，召集了諸將。他將對諸將出示詔書表示：「我接到密詔，命我率兵入朝討伐楊國忠。各位，快隨我起兵吧！」諸將聽了皆面面相覷，但沒有人表示異議。

安祿山命令范陽節度副使賈循守范陽、平盧節度副使呂知誨守平盧（遼寧省淩源縣西北）、別將高秀守大同（山西省朔縣），規畫好後路後率領節度使手下的兵士，以及土耳其族的同羅、鮮卑族的奚、蒙古族的契丹、蒙古通古斯民族的室韋等兵士，總共十五萬兵，號稱二十萬大軍，起兵叛亂。諸將當天晚上從范陽出發。

隔天十日清晨，安祿山出現在薊城（北京市舊城北）南方，閱兵之後乘上鐵製輿車。他率領的步兵、騎兵精銳部隊，在微明天色中進軍，煙塵席捲千里，鼓譟震地，一路直指南方中原洛陽而進。

結語

一六三六年，後金國第二代皇太極（清太宗，一六二六－一六四三年在位）受內蒙古四十九旗王侯尊為博格達・徹辰汗，擁有滿洲、蒙古、漢族之共同王權，改國號為清。乾隆時期編纂的《東華錄》將之記載為「定有天下之號曰大清」（卷三崇德元年四月條）。清的王朝名稱是領有、統治天下的稱號。

另外滅了準噶爾汗國，幾乎建立起相當於元朝（大元大蒙古國，Dai Ön Yeqe Mong ul Ulus）大版圖的乾隆帝（一七三五－一七九六年在位），對中國本部自稱天子、皇帝，對蒙古地區則自稱可汗，對西藏地區稱金輪聖王。同時整合多種種族的清朝王權領有、統治天下，配合其統治下各種族的文化、歷史特性，分別使用皇帝、天子、可汗、金輪聖王等四種君主號，君臨天下。

相信本書讀者已經知道，領有天下的稱號（王朝名）和四種王權的名稱，並非清朝所創。天下之名（王朝名）和天子、皇帝、可汗、金輪聖王等稱號，從西周以來歷經秦始皇和王莽世紀，一直到唐代玄宗時期，不斷承續出現。西周時期僅僅指稱首都及其鄰近地區的「中國」領域，在和其周邊各族、各地區的相互關係當中，持續擴大、改變，在此背景之下才出現了上述天下之名與稱號的演變。梁啟超基於尊重國民立場提倡的「中國」，其所根據的大清國版圖和王權名稱，可說是「中國」最後的姿態。

*

本書尚有許多應寫而未寫之處。思想、宗教、文學、藝術領域幾乎完全省略。僅能以「中國」為參照基點，針對社會與國家的相互關係、社會構成體和統治機構的骨幹部分，進行了通史式的敘述，完全稱不上是一部整體史。

本系列第二卷前半主要說明江南歷史的發展，恰好與本書在時期上重疊，關於本書所省略的領域也有較仔細的描述。本書之不完備，應可由第二卷來補足一大部分。

本書執筆過程中，第一稿先由宮澤知之先生、第二稿由足立啟二先生惠覽斧正，提供了寶貴的修訂意見。岩波新書編輯部中山永基先生站在讀者的角度，協助梳理文章。也因此文章和內容都遠較草稿易讀。邀請我執筆中國史系列的是岡本隆司先生，我也因此有幸獲得撰寫通史的珍貴機會。最後我要向這四位致上誠摯的謝意。

期待本書的記述，能幫助讀者冷靜客觀地理解中國以及中國史。

二〇一九年十月二十三日

渡邊信一郎

557	宇文覺接受西魏禪讓，建國北周。
577	北周武帝破北齊，再次統一華北。
581	外戚楊堅接受靜帝禪讓，建國隋。公布開皇律令。
582	開始開皇樂議（～ 594）。
583	公布修訂新律，編纂《隋朝儀禮》。
587	貢舉（科舉）開始。
589	隋的遠征軍合併南朝陳。天下再次統一。
595	廢止州的鄉官系統屬吏以及九品官人法。
605	建造連接黃河和長江的通濟渠。
608	建造從黃河到涿郡的永濟渠。
612	三次遠征高句麗（～ 614）。
617	李淵於太原舉兵。
618	煬帝於江都被殺。李淵接受隋的禪讓，建國唐（高祖）。
626	李世民發動玄武門之變，即位（太宗）。
630	西北各族君長獻給太宗天可汗稱號。
666	高宗李治於泰山舉行封禪祭祀。
690	武皇后稱聖神皇帝，建國周。
696	金輪聖神皇帝武曌於嵩山舉行封禪祭祀。
710	李隆基發動玄武門之變，一掃韋氏勢力。
712	李隆基受父親睿宗讓位，即位（玄宗）。
721	宇文融實施括戶政策，找出客戶八十萬戶。
722	張說建議、實施府兵衛士十三萬人之募兵化。並提議減少緣邊戍兵二十萬人，令其歸農。
725	玄宗於泰山舉行封禪祭祀。
732	《大唐開元禮》完成。
737	緣邊戍兵皆採募兵健兒制，廢止防人制。公布開元25年律令。
738	《大唐六典》完成。
749	停止折衝府之上番命令，廢止府兵制。
755	安史之亂（～ 763）。

196	曹操於中原實施民屯田。
200	曹操於官渡之戰擊敗袁紹。華北大致統一。
220	開始施行九品官人法。獻帝禪位曹丕，東漢滅亡。魏建國。
221	劉備建蜀國。
222	孫權建吳國。
263	蜀滅於魏之遠征軍。
265	司馬炎接受魏之禪讓，即帝位（武帝）。
268	公布泰始律令。
269	公布《晉禮》。
280	吳滅於晉之遠征軍。晉統一天下。公布占田、課田法，「戶調之式」。
300	八王之亂（～306）。
303	氐李特於成都建成國。
304	匈奴劉淵，稱漢王自立。五胡十六國時代開始。
311	劉淵之子劉聰，攻陷洛陽。永嘉之亂。
315	拓跋部猗盧，受愍帝封為代王。
316	劉聰擒長安愍帝。西晉滅亡。
317	琅邪王司馬睿於建業即位。東晉開始。
376	前秦苻堅滅代國。
383	淝水之戰。前秦敗於東晉，急遽衰亡。
386	拓跋珪，稱帝（道武帝），建國北魏。
471	拓跋宏即位（孝文帝）。
485	北魏施行給田制（均田制）。
486	施行三長制，確立戶籍制度。
493	王肅自南齊亡命，整備官品、官司、禮制。
494	遷都洛陽。
495	姓族分定。
524	六鎮反亂（～530）。
534	高歡於鄴擁立孝靜帝，東魏成立。
535	宇文泰於長安擁立文帝，西魏成立。
550	高洋接受孝靜帝之禪讓，建國北齊。西魏宇文泰，建立二十四軍（府兵制）。

前200	遷都長安。高祖於平城被匈奴大敗。
前196	改革貢獻制、賦制。
前180	呂太后病死。排除呂氏一族，文帝即位。
前154	吳楚七國之亂。
前141	武帝即位。
前127	從匈奴手中奪回河套地區。
前124	長安設置太學，實施博士弟子員制。
前121	平定河西走廊，設置河西四郡。
前119	開始鹽鐵專賣制。
前113	在河東汾陰后土祠開始祭地郊祀。
前112	在甘泉宮泰一壇開始祭天郊祀。
前111	滅南越王國，設置南海郡等。
前110	正式施行均輸平準法。在泰山舉行封禪祭祀。
前108	滅朝鮮王國，設置樂浪等四郡。
前91	衛太子之亂。
前87	武帝病死，昭帝即位。
前81	舉辦鹽鐵會議。
前74	昭帝去世。衛太子之孫劉病已即位（宣帝）。
前51	匈奴呼韓邪單于朝貢，表明臣屬。舉辦石渠閣會議，整理儒家學說。
前46	翼奉建議根據儒學改革國制。
前3	西王母運動。哀帝，賜董賢二千餘頃田。「均田制」瓦解。
5	平帝去世。隔年正月，王莽稱假皇帝。
8	王莽稱皇，國號為新。西漢滅亡。
17	琅邪發生呂母之亂，發展為赤眉之亂。綠林軍興起於當陽綠林山。
23	劉玄自綠林軍系統崛起，為更始帝。長安民眾殺害王莽。新朝滅亡。
25	劉秀即皇帝位（光武帝），定都洛陽。
56	光武帝於泰山舉行封禪祭祀。
60	舉辦公卿會議，完成漢之禮制。
166	第一次黨錮之禁。
169	第二次黨錮之禁。
176	第三次黨錮之禁。
184	黃巾之亂。

簡略年表

主要依據本文記述所製作。西曆與中國舊曆並非完全一致，西曆僅為參考。

前5000年紀	仰韶文化開始。
前3000年紀後半	龍山文化開始。
前2000年紀前半	二里頭文化開始。
前1600年左右	二里崗文化（殷前期）開始。
前1300年左右	殷後期文化（殷墟）開始。
前1046左右	周王朝成立。
前770	周遷至洛邑（洛陽）。春秋時代開始。
前722	《春秋》記述開始（～前481）。
前651	葵丘會盟。齊桓公成為霸主。
前632	踐土之盟。晉文公成為霸主。
前594	魯首次以畝徵稅。
前551	孔子誕生（～前479）。
前453	韓、魏、趙三卿分晉。戰國時代開始。
前403	韓、魏、趙三國成為諸侯。
前356	秦，商鞅第一次變法。
前350	商鞅第二次變法，遷都咸陽。前後時期，孟子積極遊說各國。
前334	徐州會盟中齊國、魏國彼此承認王號。之後各國開始使用王號。
前288	齊國稱東帝、秦國稱西帝。
前260	長平之戰。秦大敗趙，確立霸權。
前256	秦滅周。之後陸續滅各國。
前221	秦滅齊，統一天下。秦王稱皇帝，分天下為三十六郡。
前219	始皇帝於泰山舉行封禪祭祀
前210	始皇帝去世。
前209	陳勝、吳廣之亂。劉邦、項羽等舉兵。
前206	秦滅亡。劉邦封漢王（漢元年）。
前202	劉邦即位為皇（高祖）。

佐川英治〈三長・均田兩制の成立過程——《魏書》の批判的検討をつうじて〉《東方學》第97輯，1999年
佐川英治〈北魏の編戶制と徵兵制度〉《東方學報》第81卷第1號，1999年
谷川道雄《隋唐帝国形成史論》筑摩書房，1971年（增補版1998年）
張鳳〈秦漢時期農業文化與游牧文化聚落的比較研究〉《考古》2011年第1期，2011年
堀敏一《均田制の研究——中国古代国家の土地政策と土地所有制》岩波書店，1975年
松下憲一《北魏胡族体制論》北海道大學大學院文學研究科研究叢書，2007年
宮崎市定〈読史箚記　三，漢代の郷制〉《史林》第21卷第1號，1936年（後收錄於《宮崎市定全集》第17卷，岩波書店，1993年）
宮崎市定《九品官人法の研究——科挙前史》東洋史研究會，1956年（後收錄於《宮崎市定全集》第6卷，岩波書店，1992年）

第6章

笠松哲〈金輪王，封禅す——武后の君主権と封禅〉《洛北史学》第14號，2012年
陳寅恪《隋唐制度淵源略論稿》中華書局，1977年（1940年初版）
陳寅恪《唐代政治史述論稿》上海古籍出版，1980年（1942年初版）
礪波護《唐代政治社会史研究》同朋舍出版，1986年
渡邊信一郎〈古代中国の身分制的土地所有——唐開元二十五年田令からの試み〉《唐宋変革研究通訊》第2輯（2010～2012年度科學研究費補助金基盤研究（B）研究成果報告書），2011年

增淵龍夫《新版　中国古代の社会と国家》岩波書店，1996年
山田統〈天下という観念と国家の形成〉（初出1949年）《山田統著作集一》明治書院，1981年
楊寬《戰国史》第2版，上海人民出版社，1980年（1955年第1版）
吉本道雅《中国先秦史の研究》京都大學學術出版會，2005年

第3章

飯田祥子〈前漢後半期における郡県民支配の変化——內郡・辺郡の分化から〉《東洋學報》第86卷第3號，2004年
金子修一《中国古代皇帝祭祀の研究》岩波書店，2006年
湖南省文物考古研究所編《里耶發掘報告》嶽麓書社，2007年
陳偉編《里耶秦簡牘校釋》第1卷，武漢大學出版社，2012年
西嶋定生《中国古代帝国の形成と構造——二十等爵制の研究》東京大學出版會，1961年
目黑杏子〈前漢武帝期における郊祀体制の成立——甘泉泰畤の分析を中心に〉《史林》第86卷第6號，2003年

第4章

佐原康夫《漢代都市機構の研究》汲古書院，2002年
保科季子〈前漢後半期における儒家礼制の受容——漢的伝統との対立と皇帝観の変貌〉歷史與方法編集委員會編《方法としての丸山眞男》青木書店，1998年
山田勝芳《中国のユートピアと「均の理念」》汲古書院，2001年
渡邊信一郎〈伝統中国の均平秩序——経済と礼楽〉《中国史学》第27卷，2017年

第5章

岡田和一郎〈征服から専制へ——中国史上における北魏国家の形成〉西村成雄・渡邊信一郎編《中国の国家体制をどうみるか——伝統と近代》汲古書院，2017年
川本芳昭《魏晉南北朝時代の民族問題》汲古書院，1998年

伊藤道治《中国古代国家の支配構造——西周封建制度と金文》中央公論社，1987年
植田信太郎〈現生人類の拡散を化石DNAから探る〉《蛋白質　核酸酵素》第45巻第16號，2000年
岡村秀典《夏王朝　王権誕生の考古学》講談社，2003年
岡村秀典《中国文明　農業と禮制の考古学》京都大學學術出版會，2008年
甲元眞之《中国新石器時代の生業と文化》中國書店，2001年
篠田謙一編《ホモ・サピエンスの誕生と拡散》洋泉社，2017年
白川靜《金文の世界——殷周社会史》平凡社，1971年
錢耀鵬《中國史前城址與文明起源研究》西北大學出版社，2001年
張學海〈試論山東地區的龍山文化城〉《文物》1996年第12期，1996年
張光直〈中國相互作用圈與文明的形成〉《慶祝蘇秉琦考古五十五年論文集》文物出版社，1989年
張光直《中国青銅時代》小南一郎、間瀬收芳譯，平凡社，1989年
趙春青《鄭洛地區新石器時代聚落的演變》北京大學出版社，2001年
陳夢家《殷墟卜辭綜述》科學出版社，1956年
林巳奈夫《中国文明の誕生》吉川弘文館，1995年
松井嘉德《周代国制の研究》汲古書院，2002年
松丸道雄〈殷墟卜辞中の田猟地について——殷代国家構造研究のために〉《東洋文化研究所紀要》第31冊，1963年
渡邊信一郎〈中国における第一次古代帝国の形成——龍山文化期から漢代にいたる聚落形態研究から〉西村成雄、渡邊信一郎編《中国の国家体制をどうみるか——伝統と近代》汲古書院，2017年

第2章

安部健夫〈中国人の天下観念——政治思想史的試論〉《元代史の研究》創文社，1972年
尾形勇《中国古代の「家」と国家——皇帝支配下の秩序構造》岩波書店，1979年
五井直弘《中国古代の城郭都市と地域支配》名著刊行會，2002年

主要參考文獻

關於本書整體

足立啟二《専制国家史論——中国史から世界史へ》柏書房，1998年
池田溫《中国古代籍帳研究——概観、録文》東京大學出版會，1979年
尾形勇、岸本美緒編《中国史》山川出版社，1998年
濱口重國《秦漢隋唐史の研究》上下，東京大學出版會，1966年
松丸道雄、池田溫、斯波義信、神田信夫、濱下武志編《世界歷史大系 中国史1——先史~後漢》山川出版社，2003年
松丸道雄、池田溫、斯波義信、神田信夫、濱下武志編《世界歷史大系 中国史2——三国~唐》山川出版社，1996年
宮崎市定《中国史》上下，岩波書店，1977、1978年（後為岩波文庫，2015年）
渡邊信一郎《中国古代社会論》青木書店，1986年
渡邊信一郎《中国古代国家の思想構造——専制国家とイデオロギー》校倉書房，1994年
渡邊信一郎《天空の玉座——中国古代帝国の朝政と儀礼》柏書房，1996年
渡邊信一郎《中国古代の王権と天下秩序——日中比較史の視点から》校倉書房，2003年
渡邊信一郎《中国古代の財政と国家》汲古書院，2010年
渡邊信一郎《中国古代の楽制と国家——日本雅楽の源流》文理閣，2013年

第1章

伊藤道治《中国古代王朝の形成——出土資料を中心とする殷周史の研究》創文社，1975年

圖表出處一覽

未列舉於此者為作者自行製作。有*記號表示成書時略有變更。

圖1……圖錄《中国王朝の誕生》讀賣新聞社，1993年
圖2……鶴間和幸監修《秦の始皇帝と兵馬俑展——辺境から中華へ“帝国秦への道”》共同通信社，2000年
圖3*……甲元眞之（2001）
圖4*……張學海（1996）
圖5*……中國社會科學院考古研究所編《偃師二里頭——1959年～1978年考古發掘報告》中國大百科全書出版社，1999年
圖6*……河南省文物考古研究所編《鄭州商城——1953～1985年考古發掘報告》文物出版社，2001年
圖7……根據陳夢家（1956）記述所製作
圖8……白川靜《金文通釈》第48輯，白鶴美術館，1978年
圖10……白川靜《金文通釈》第10輯，白鶴美術館，1965年
圖17……湖南省文物考古研究所編（2007）
圖20……呂林編《四川漢代畫像藝術選》四川美術出版社，1988年
圖21……《和林格爾漢墓壁畫》文物出版社，1978年
圖26……《和林格爾漢墓壁畫》文物出版社，1978年
圖27*……〈河南三楊莊漢代庭院遺跡〉《考古》2004年第7期，2004年
圖28*……谷川道雄（1971）
圖29……《嘉峪關壁畫墓發掘報告》文物出版社，1985年
圖30……《北齊徐顯秀墓》文物出版社，2016年
圖31……大槻如電《新訂舞楽図說》六合館，1927年
表9*……尾形勇、岸本美緒編（1998）

卷頭地圖……前田茂實

【岩波新書·中國的歷史】1

中華的成立

2021年11月初版
定價：單冊新臺幣350元
一套新臺幣1750元
有著作權・翻印必究
Printed in Taiwan.
著者 渡邊信一郎
譯者 詹慕如
叢書主編 王盈婷
校對 馬文穎
內文排版 極翔企業
封面設計 許晉維

出版者 聯經出版事業股份有限公司
地址 新北市汐止區大同路一段369號1樓
叢書主編電話 (02)86925588轉5316
台北聯經書房 台北市新生南路三段94號
電話 (02)23620308
台中分公司 台中市北區崇德路一段198號
暨門市電話 (04)22312023
台中電子信箱 e-mail：linking2@ms42.hinet.net
郵政劃撥帳戶第0100559-3號
郵撥電話 (02)23620308
印刷者 文聯彩色製版印刷有限公司
總經銷 聯合發行股份有限公司
發行所 新北市新店區寶橋路235巷6弄6號2樓
電話 (02)29178022

副總編輯 陳逸華
總編輯 涂豐恩
總經理 陳芝宇
社長 羅國俊
發行人 林載爵

行政院新聞局出版事業登記證局版臺業字第0130號

本書如有缺頁，破損，倒裝請寄回台北聯經書房更換。 ISBN 978-957-08-6049-8 (平裝)
聯經網址：www.linkingbooks.com.tw
電子信箱：linking@udngroup.com

Series CHUGOKU NO REKISHI, 5 vols
Vol. 1, CHUKA NO SEIRITSU: TOUDAI MADE
by Shinichiro Watanabe
© 2019 by Shinichiro Watanabe
Originally published in 2019 by Iwanami Shoten, Publishers, Tokyo.
This complex Chinese edition published 2021
by Linking Publishing Co., Ltd., New Taipei City
by arrangement with Iwanami Shoten, Publishers, Tokyo
All rights reserved

國家圖書館出版品預行編目資料

【岩波新書・中國的歷史】1 中華的成立/渡邊信一郎著．
詹慕如譯．初版．新北市．聯經．2021年11月．288面．14×21公分
ISBN　978-957-08-6049-8（平裝）

1.中國史

610　　110017051